# EROE EDIPO

# EROE EDIPO

## Il Lato Nascosto Della Gloria

Peter Fritz Walter

Published by Sirius-C Media Galaxy LLC
Business Filings Incorporated
108 West 13th St., Wilmington, DE 19801



Italian Translation by Peter Fritz Walter

Set in Trajan Pro and ITC Berkeley Old Style Std

Designed by Peter Fritz Walter

Publishing Categories
Psychology / Social Psychology

Publisher Contact Information
publisher@sirius-c-publishing.com
http://sirius-c-publishing.com

Author Contact Information
pfw@peterfritzwalter.com

About Dr. Peter Fritz Walter
http://peterfritzwalter.com

Parallelamente a una carriera di diritto internazionale in Germania, Svizzera e Stati Uniti, il Dr. Peter Fritz Walter (Pierre) si è concentrato sulle belle arti, la cucina, l'astrologia, la performance musicale, e le scienze sociali e umanistiche.

Ha iniziato a scrivere saggi da adolescente e ha ricevuto un premio per la scrittura creativa e il lavoro editoriale per la rivista scolastica.

Dopo aver conseguito il diploma in giurisprudenza, si è laureato con un LL.M. in Integrazione Europea all'Università di Saarland, Germania, e con un titolo di dottore in giurisprudenza all'Università di Ginevra, Svizzera, nel 1987.

Ha poi seguito corsi di psicologia all'Università di Ginevra e ha intervistato diversi psicoterapeuti a Losanna e a Ginevra, in Svizzera. Il suo interesse si è intensificato grazie a una ipnoterapia con un ipnoterapista americano Ericksoniano a Losanna. Questo lo ha portato al recupero e alla guarigione del suo bambino interiore.

Nel 1986 incontrò a Parigi la defunta psicoterapeuta e psicoanalista infantile francese Françoise Dolto (1908-1988) e la intervistò. Al loro incontro ha fatto seguito una lunga corrispondenza che è stata considerata dai curatori del Dolto Trust abbastanza interessante da essere pubblicata in un libro insieme a tutti gli altri scambi di lettere di Dolto da parte della Gallimard Publishers a Parigi, nel 2005.

Dopo una seconda carriera come formatore aziendale e personal coach, Pierre si è ritirato come scrittore, filosofo e consulente a tempo pieno.

I suoi libri di saggistica sottolineano una prospettiva sistemica, olistica, interculturale e interdisciplinare, mentre le sue opere di narrativa e i suoi racconti si concentrano sull'educazione, la filosofia, la saggezza perenne e la formulazione poetica di una visione del mondo integrativa.

Pierre è di madrelingua bilingue tedesco-francese e scrive l'inglese come quarta lingua dopo il tedesco, il latino e il francese. Legge anche la letteratura di fonte per le sue ricerche in spagnolo, italiano, portoghese e olandese. Inoltre, Pierre ha nozioni di thailandese, khmer, cinese e giapponese.

Tutti i libri di Pierre sono realizzati a mano e autoprodotti, disegnati dall'autore. Pierre pubblica attraverso la sua società del Delaware, Sirius-C Media Galaxy LLC, e sotto l'impronta di IPUBLICA e SCM (Sirius-C Media).

# Contents

# INTRODUZIONE

Un Problema Psichiatrico Non Indagato

Da tempo porto con me l'idea di scrivere su ciò che percepisco è un modello di comportamento appena indagato tra quelli cresciuti dopo il baby boom degli anni 70a e 80a, e per la maggior parte senza allattare. E hanno sofferto di privazioni tattili e sensuali anche in molte altre forme, poiché quella generazione è cresciuta sotto l'incantesimo di una pediatria davvero diabolica che, nella sua ignoranza che carica di vita, ha impedito con arroganza ai genitori di toccare i loro figli.

Il co-sonno di genitori e figli, in origine un'attività che fa parte del continuum naturale, è stato dichiarato un crimine, e assunto come un'altra forma di incesto segreto che avevano scoperto come il più recente grido della psicologia popolare alla moda.

—Si veda l'importante studio di Jean Liedloff, The Continuum Concept (1977/1986), scritto nello stesso periodo degli anni 70a, che segna chiaramente il punto di svolta in quanto mostra con molta evidenza antropologica che la cultura occidentale stava chiaramente andando verso l'abisso con il suo moderno paradigma di allevamento dei bambini che si denigrava.

I genitori che accarezzano i loro figli erano accusati di essere perversamente sensuali e deboli, mentre accarezzare era connotato da 'viziare il bambino.'

Il permissivismo sessuale, sebbene spesso dichiarato come in per persone istruite, si è rivelato un bluff mediatico, come i ricercatori hanno chiaramente svelato.

—Vedi John P. Alston & Francis Tucker, The Myth of Sexual Permissiveness (1973).

Questo paradigma alienato dell'allevamento dei bambini, *Made in USA,* così come lo stesso che oggi viene esportato in tutto il mondo, è stato assiduamente assorbito e clonato dai genitori in Gran Bretagna, Australia, Germania e Francia, e in misura minore in Italia, Spagna o Grecia. In effetti, la cultura mediterranea è sempre stata fortemente a favore della sensualità nel rapporto genitore-figlio, e in generale è molto più eroticamente intelligente di qualsiasi paese del mondo anglosassone con la sua debilitante storia di vita e di amore-negazione del puritanesimo.

Ancora oggi, mentre la maggior parte delle supposizioni spockiane sono state trovate a tradire il nucleo stesso della sana cura dei bambini, il manuale del dottor Spock è ancora venduto.

—Vedi, per esempio, Dr. Spock's Baby and Childcare (2004).

E, interessante coincidenza, il dottor Spock che l'ha scritto non ha poco in comune con l'omonimo personaggio di Star Wars. Entrambi sottolineano la priorità e la supremazia dell'intelletto, e sminuiscono, se non negano, l'intelligenza innata delle nostre emozioni. La trama di Star Wars spiega che i Vulcaniani si sono valutati 'troppo emotivi,' il che ha creato conflitti e disordini nelle loro relazioni e nei loro rapporti politici.

Di conseguenza, e per così dire come rimedio per la loro elevata emotività, hanno eliminato le emozioni il più possibile, sviluppando qualcosa come un atteggiamento o uno stile di vita spartano, che mette la razionalità al primo posto, come qualcosa di simile a un valore supremo, e che assicura che in tutte le loro mancanze, l'intelletto ha sempre avuto la meglio sulle loro emozioni. L'espressione del viso, il modo di rivolgersi agli altri, la comunicazione verbale e il linguaggio del corpo di Spock esprime questo atteggiamento in modo molto conciso. La sua dizione è breve e croccante, le sue osservazioni al punto, la sua empatia di educata e calcolata freddezza, la sua critica mordente e sempre brillante.

Egli è in grado di dimostrare a tutti coloro che lo circondano che è intellettualmente superiore, per natura, o per nascita, semplicemente perché è un Vulcaniano. Ma questo atteggiamento, lo conosciamo molto bene tra noi altri umani! E questo è uno degli atteggiamenti dell'*Eroe Edipo* di cui parlerò in questo capitolo, perché gli atteggiamenti tradiscono. Gli atteggiamenti sono dei cartelli, non solo la piccola creatura delle nostre relazioni quotidiane.

Non dico che *Star Wars* sia una produzione particolarmente edipica. In *Star Wars*, all'*Eroe Edipo* viene data una triplice espressione, una parte incarnata dal Capitano Kirk, una parte da Spock e l'ultima parte, l'ombra dell'eroe, da Darth Vader.

Ma questo libro non parla di *Star Wars*, e questo era solo un esempio. Questo libro non parla nemmeno di film, ma di psicologia. Direi che è la psicologia della psicoanalisi, la verità su questo tragico personaggio chiamato *Edipo* che Sigmund Freud ha scavato nell'enorme serbatoio della mitologia greca per spiegare lo sviluppo psicosessuale del bambino.

Per mettere le cose in chiaro, e per dare un'idea di cosa parla questo libro un po' strano, lasciatemi dire questo. Non ho solo vaghe, ma chiare obiezioni contro la teoria di Freud e le ho esposte in otto punti.

—Vedi Peter Fritz Walter, Normative Psychoanalysis: How the Oedipal Dogma Shapes Consumer Culture (Scholarly Articles, Vol. 14), 2015/2017.

Non ripeterò questa critica in questa sede perché non è di questo che tratta il presente studio. Vado oltre Freud. E, cosa ancora più importante, vado oltre *Edipo*.

Edipo non era il punto di partenza della razza umana. Era piuttosto il punto di partenza del declino della razza umana. Mostrerò in questo libro che l'uomo *Edipo* non è ciò che è veramente interessante di lui. Era praticamente una vittima delle circostanze. Quindi ciò che conta davvero nella tragedia di Sofocle non è *Edipo*, ma le circostanze che lo hanno spinto come una barca in mare grosso.

Tutte le tragedie hanno in comune il fatto che la buona volontà dell'eroe non ha influito positivamente sul suo destino, anche al contrario. Ed ecco un leitmotiv di questo studio: è piuttosto la troppa bontà dell'eroe, per così dire, che lo getta nell'abisso, che lo rende preda di forze malvagie.

Questa bontà è falsa, è il guscio narcisistico che nasconde l'ombra. In secondo luogo, quando indaghiamo su quelle circostanze che hanno fatto della vita di *Edipo* una serie infinita di colpi di scena e lo hanno fatto finire in un vicolo cieco, vediamo che c'è qualcosa di simile a una maledizione su di lui, o sulla sua famiglia.

Suo padre ha ricevuto l'oracolo più strano che si possa immaginare: sarà ucciso dal suo stesso figlio. L'uomo inorridito ha messo il bambino su una montagna, perché chi vuole averlo può prenderlo. E un pastore aveva un animo buono: disse perché gli altri, e non io, e prese il bambino, e con la sua buona azione, il bambino atterrò tra le braccia di una famiglia reale, mentre lui stesso era di origine reale.

Il terribile destino è qui, e questa è una visione di esso, che per volontà del padre di *Edipo*, il re Laio, per evitare la fatale predizione, stava mettendo tutto in atto per compierla. L'altra visione di essa diceva: comunque, se avesse tenuto il ragazzo, anche la predizione si sarebbe compiuta. La speculazione non aiuta. Non lo sappiamo. Era così com'era. Voleva evitare il peggio e ha abbandonato il bambino. Sarebbe un argomento interessante per un sondaggio, credo, per vedere quante persone si comporterebbero come lui, e quanti farebbero un'azione diversa—e quale azione?

Una visione psicologica della storia penetra più a fondo nel mistero del karma. Per dirla in modo chiaro: a nessuno vengono fatte previsioni fatali su chi ha un buon karma.

Chi ha avuto il karma negativo? Prima di tutto, il padre. Ecco la chiave della storia. Abbiamo un padre e un figlio. Tutti dicono che il figlio è il cattivo, ma la maledizione si è abbattuta su *Edipo* attraverso il padre.

Nessuna maledizione viene dal nulla, il karma è causa ed effetto. Ed eccoci al centro del personaggio che sono venuto a chiamare *Eroe Edipo*. Egli è il salvatore dei suoi genitori nel salvarli, consapevolmente o meno, dalla loro maledizione familiare, dalla loro *Verzauberung*, dal loro narcisismo, dai loro problemi di vita irremovibili e dal loro karma negativo. E la sua stessa missione di salvarli è il suo—incompreso—eroismo, ciò che lo rende un falso eroe.

Ebbene, in questo momento dovrebbe risuonare nelle orecchie del lettore, come dovrebbe apparire ovvio da questo punto delle mie spiegazioni che ciò a cui la trappola edipica in realtà conduce è il narcisismo, ma io lo vedo in modo diverso dalla psichiatria tradizionale. La differenza consiste nel fatto che vedo un intreccio, un anello mancante tra le tragedie di *Edipo* e *Narciso* che non ho mai visto menzionato in nessun trattato di psicologia o psichiatria, né in nessun lavoro sulla mitologia. In generale, le due storie sono spiegate come se rappresentassero diverse complessità psicologiche. Questo è generalmente vero, ma ciò non esclude che possano essere visti anche insieme.

La cosa sorprendente è che quando lo fai, come ho fatto io per la prima volta nel 1992, quando ho scritto il mio primo schizzo su questo problema, non vedrai una sola porta, ma tutta una serie di porte che si aprono davanti ai tuoi occhi, e scoprirai tutto il perché e il modo in cui la nostra cultura è così disperatamente imprigionata nella *codipendenza genitori-figli,* nel diffuso *abuso emotivo* dei bambini, nella vera negazione dell'amore, nella violenza, nell'autoalienazione, nel narcisismo e nella schizofrenia diffusa, non diagnosticata, e più o meno socialmente accettata.

E si inizierà anche a comprendere la vera eziologia della pedofilia, un problema che finora non è stato compreso dalla psichiatria occidentale, mentre nel frattempo si è stabilita una certa accettazione per tutte le parafilie.

Il fatto che la pedofilia non sia compresa rende facile per l'opportunismo politico prendere il sopravvento e mettere i pedofili come un nuovo gruppo capro espiatorio da sacrificare per il bene dell'ordine pubblico e di altri falsi programmi che servono ai leader di destra e ai leader fascisti per nascondere la loro incompetenza generale e la loro pietosa ignoranza spirituale per gestire gli affari politici in un mondo altamente complesso.

Questo vuoto che stiamo affrontando in questo momento è da imputare alla psichiatria tradizionale che da tempo si è unita alle forze di destra e fasciste per contribuire a condannare come maledizione e condanna un orientamento sessuale che non ha mai capito perché ignora la sua eziologia. La conseguenza politica, quindi, è quella di dimostrare che il pubblico è stato male informato, e forse anche intenzionalmente, per credere che la pedofilia fosse una maledizione familiare, un difetto genetico, o un'altra sorta di debolezza mentale.

Tutte queste ipotesi sono state espresse nel tempo, ma sono quello che sono, ipotesi. Inoltre, i pedofili autoetichettati si sono aggiunti alla confusione per il fatto stesso della loro autoetichettatura. Le loro campagne pubbliche e online per l'accettazione dell'amore infantile non solo hanno colpito il granito, ma hanno peggiorato la loro condizione generale di minoranza sessuale in tutto il mondo; questo perché hanno indirizzato il pubblico con la strategia sbagliata.

Invece di capire che la sessualità non è rigida ed eternamente determinata, questo piccolo ma influente gruppo di pedofili che si rende pubblico ha cercato di ottenere l'accettazione sociale in un modo simile a quello degli omosessuali di un tempo, cioè affermando più volte che sono nati 'come tali.' E questo stesso argomento si è naturalmente rivoltato contro di loro a lungo termine, come si è rivoltato contro gli omosessuali, mentre questi ultimi continuano a credere di aver ottenuto qualcosa come un'accettazione sociale a lungo termine. In situazioni di crisi e quando le polemiche sorgeranno perché gli strati regnanti hanno di nuovo bisogno di un capro espiatorio per offuscare la loro pietosa corruzione e incapacità politica, la causa omosessuale sarà di nuovo lacerata, e l'anarchia e il caos abbatteranno di nuovo i muri non del silenzio, ma dei loro bar, negozi, caffè e case.

Contrariamente alle polemiche di destra e all'ignoranza psichiatrica tradizionale, ho dimostrato in altre pubblicazioni più specifiche che la sessualità non è affatto una condizione rigida e fissa, e che una volta compresa la funzionalità e la natura fluida delle energie sessuali, ogni attrazione sessuale può essere cambiata, tuttavia non con la coercizione, non imponendo uno standard di comportamento a certe persone, non con la forza. Non con la violenza. Può cambiare da sola quando la persona comincia a soppesare altre opzioni amorose, e corre dei rischi in altre vie sessuali.

—Vedi Peter Fritz Walter, The Energy Nature of Human Emotions and Sexual Attraction: A Systemic Analysis of Emotional Identity in the Process of the Human Sexual Response, 2015/2017.

La sessualità è una questione di scelta e di predilezione, e prima di tutto di attrazione emotiva che di volta in volta diventa sessualizzata. Quindi, la scelta emotiva prima ancora di diventare un soggetto di ragionamento sessuale. Ed è qui che contraddico deliberatamente la sessuologia moderna che nel suo cartesianesimo meccanicistico non riesce a cogliere il primato delle nostre emozioni, e il fatto che *l'attrazione sessuale segue la predilezione emotiva,* e non il contrario.

Da tempo ho analizzato la dimostrazione pubblica dei pedofili come la ricerca di una falsa identità, che è solo un'altra manifestazione del narcisismo, ma bisogna vedere che coloro che se ne sono usciti con questi slogan sono una piccola minoranza all'interno di una minoranza. Contrariamente all'assunto standard della psichiatria tradizionale, non tutti i pedofili sono narcisisticamente fissati, e non tutti i pedofili sono rigidi, esclusivi e inflessibili nelle loro scelte amorose. Coloro che lo sono, e che sono stati in prima linea nella discussione pubblica, non sono rappresentativi. Devono essere biasimati con lo stesso tipo di ignoranza dei loro avversari, facendo emergere nei loro forum pubblici famigerati supposizioni per così dire 'filogenetiche' se non l'eziologia 'biogenetica' della pedofilia.

È così facile dare la colpa al destino della nascita per tutte le nostre disgrazie nella vita, e il più delle volte è una negazione della responsabilità di accettare il proprio destino.

Il destino, contrariamente alla saggezza popolare, non è un destino predestinato, ma pura potenzialità. Nessuno nasce matematico, genio, omosessuale o pedofilo, così come nessuno nasce masturbatore. C'è una potenzialità per un certo percorso di realizzazione di sé, sia professionalmente che in amore. Quei pedofili che hanno raccontato la loro storia al pubblico lo hanno fatto probabilmente nel tentativo di essere presi per quello che sono, in un'ingenua speranza che la società lasciasse finalmente cadere il dibattito e dicesse: 'Beh, dopo tutto, se sono così, e nati così, dovremmo accettarli meglio.'

Eppure la società non ragiona in questo modo. Nicolas Sarkozy e molti altri responsabili delle politiche sociali stanno ragionando su come stabilire nuove leggi sull'eutanasia che, nella loro visione del mondo fascista, porrebbero fine per sempre al problema della pedofilia, così come l'idea megalomanica di Hitler della 'guerra totale.'

Quei mostri narcisisti che erano in prima linea nel dibattito sulla pedofilia, in quanto rappresentanti scelti da soli per una comunità i cui contorni difficilmente possono essere definiti in termini di portata e quantità, hanno servito il proprio ego carente, ma hanno reso un cattivo servizio alla causa dell'amore erotico per i bambini. Hanno abbattuto questa causa attraverso la loro rigidità e la loro paura di essere senza casa, avendo scelto il rifugio della pedofilia come nuova casa, come gancio per la loro fragile identità, perché non si sono mai preoccupati veramente dei loro valori dell'anima e della loro appartenenza spirituale. Questo è vero narcisismo, questa negazione dell'anima, questa negazione della complessità, e qui i propagandisti pedofili e i loro avversari, gli *Eroi Edipici,* hanno molto in comune! Ed è per questo che, per una questione di logica olistica, si sono dovuti scontrare. Perché, che lo sappiano o no, hanno molto da condividere!

La verità? Non si trova da una parte e dall'altra del ring, ma al suo centro, a metà strada tra gli estremi.

*L'Eroe Edipo* soffre esattamente della stessa impiccagione del pedofilo, con l'unica differenza che reprime il suo desiderio pedofilo e lo proietta sugli altri.

La via d'uscita non è la pedofilia o l'anti-pedofilia, perché è la domanda sbagliata. La domanda giusta è quella di chiedersi se la repressione della vita emotiva e sessuale dei bambini sta portando qualcosa di positivo ai bambini, o se piuttosto l'assenza di tale repressione porta il vero beneficio per la crescita sana dei bambini?

Sia *l'Eroe Edipo* che il *Pedofilo Propagandista* sono ciechi nel vedere che l'unica eziologia tangibile e dimostrabile sia della fissazione edipica che della pedofilia è la fame emotiva e tattile, e la privazione sessuale dei bambini e degli adolescenti, in quanto è dilagante nella borghesia industriale postmoderna dalla seconda metà del XVII secolo circa.

Quando la complessità della sessualità è compresa, e una volta che la sua natura energetica è chiaramente vista, quando la sua natura mutevole e fluida alla fine è stata accettata, siamo un passo avanti. Quando la vera eziologia della pedofilia è definita all'interno di una più ampia interdipendenza sistemica con altri fattori sociali, siamo due passi avanti. Quando vediamo che non abbiamo bisogno di polemiche sulla pedofilia, che non dobbiamo assolutamente preoccuparci di questa questione, né dell'omosessualità o di altre parafilie, siamo al punto di riconoscere che ciò che dobbiamo affrontare è l'educazione dei nostri figli, il modo in cui li aiutiamo a integrare le loro energie emotive e sessuali, il modo in cui li guardiamo come esseri completi, non nani che sono limitati, a causa della mancanza di crescita, ad esprimere i loro sentimenti emotivi e sessuali.

Poi, per una questione di logica sistemica, quando avremo cambiato la situazione sociale e legale come risultato della nostra comprensione dell'importanza del rispetto dell'integrità dei bambini e della nostra responsabilità di eliminare ogni violenza nei confronti dei bambini, sia essa educativa, allora la nostra cultura nel suo insieme cambierà. E i problemi dell'omosessualità, della pedofilia, del sadismo, del masochismo e di quelle che conosco altre fissazioni sessuali non saranno più un problema.

Non intendo dire che queste manifestazioni dell'energia vitale scompariranno completamente, ma una società che alla fine ha accettato il bambino, e il bambino dentro di sé, sarà in grado di accettare la diversità sessuale così come accetta la diversità etnica, razziale e sociale.

E come consiglio a chi si riconosce diverso dalla norma sessuale, vorrei dire questo:

### Mi Rivolgo Ai Pedofili

Non assolutizzare la tua attrazione sessuale, qualunque essa sia. Potrebbe cambiare domani come una questione di cambiamento generale della vostra vita e delle vostre opzioni amorose, come una questione di crescita personale, o come una questione di scelta deliberata. Quando assolutizzi e dogmatizzi la tua sessualità, sei sulla stessa strada dell'*Eroe Edipo* che prende la sua impiccagione edipica, e tutto il ridicolo comportamento macho che ne deriva, come eterno e immutabile. Il fatto è che possiamo cambiare tutto nella vita, perché la vita stessa è un cambiamento senza fine. Coloro che negano questo fatto si trovano il più delle volte nell'ala destra dello spettro politico e la loro negazione della complessità è solo un elemento della loro distorsione emotiva e della loro debolezza mentale. La causa dell'amore infantile non è una causa, perché l'amore in sé non può essere una causa. Questo perché l'amore non può essere definito. E ciò che non può essere definito non può diventare una causa. Qualsiasi causa d'azione per amore sarà quindi la causa d'azione per un concetto d'amore che avete inventato nella vostra mente prima di iniziare ad essere un attivista per quella causa. La vera causa che si nasconde dietro la falsa causa dell'amore infantile è la causa del bambino. È così semplice, e in due sensi della parola: nel senso di una causa per il vostro bambino interiore represso, che ha bisogno della vostra genitorialità interiore empatica, e della causa dei bambini intorno a voi i cui bisogni emotivi e sessuali sono evitati dai molti eroi edipici della società attuale che combattono contro i proverbiali mulini a vento invece di vedere le vere cause. La causa del bambino di cui parlo è una causa che non servirà all'*Eroe Edipo* nella sua eterna lotta per la gloria, né al vostro ego per la realizzazione sessuale con i bambini, che può ugualmente servire alla vostra gloria personale. La causa del bambino è paradossale in quanto aiuta il bambino a diventare adulto, che serve al bambino a crescere, e contro sia la cultura edipica che il vostro interesse come pedofilo, a crescere il più velocemente possibile fuori dall'infanzia.

Va da sé che tratterò questi argomenti in questo capitolo, come in tutti i miei libri, in modo scientifico, evitando polemiche pro o contro, mentre ammetto di capire meglio e di poter entrare in empatia con coloro che sostengono la vita e il desiderio pro rispetto a coloro che sostengono la morale pro come dottrina per sostituire la natura con la cultura.

Da questo pregiudizio naturale, che non si basa su credenze o dogmi, ma sulla conoscenza, posso argomentare in modi che provocano rabbia e repulsione in coloro che sono eternamente bloccati nella lega del moralismo, dell'odio della vita e del fondamentalismo religioso. Così sia.

# La Storia Completa di Edipo

Una Lezione di Mitologia

Ciò che Freud ha fatto è stato mutilare la saga di *Edipo*, poiché essa è originariamente inserita in un ciclo epico più grande, la *Tragedia della Casa di Tebe,* come viene chiamata nella mitologia. Il mito deve includere, per essere pienamente compreso, almeno una generazione prima di *Edipo* e una generazione dopo di lui. Senza vedere la maledizione della famiglia, come si può capire la tragedia e la sofferenza di *Edipo?* E se non è compreso, come si può comprendere la tragedia e la sofferenza del bambino consumatore nella cultura edipica?

La saga di *Edipo* è il racconto di una maledizione familiare. Riguarda ciò che gli antichi greci chiamavano 'offendere gli dei,' ciò che i cristiani, gli ebrei e i musulmani chiamano peccato, e ciò che nel linguaggio moderno è chiamato una storia di abuso.

L'aspetto della maledizione familiare dell'abuso era particolarmente pronunciato in questa famiglia, in quanto si è protratta per diverse generazioni. Ma l'espressione *maledizione familiare* è inetto, perché suggerisce qualcosa come un agente esterno o una dubbia nozione di destino che scatena, come una spada di Damocle, la distruzione della gente. Credere che questo sia un errore. Si può ben capire, analizzando la storia di questa famiglia, chi erano i colpevoli e come ciò che hanno fatto ha innescato una risposta negativa.

Nel caso di quella famiglia, è vero, il comportamento dei nostri eroi è stato particolarmente duro e la risposta dell'universo è stata altrettanto dura, e persino crudele. Dobbiamo tenere presente che si tratta di un caso estremo, ma è un buon processo in tribunale. Ne dimostra per così dire il principio. Liz Greene e Juliet Sharman-Burke scrivono in *The Mythic Journey* (2000), p. 51:

> La mitica storia della Casa di Tebe è una storia oscura, che inizia ancora prima dello stesso Edipo. Il peccato segue il peccato in questa famiglia, peggiore di qualsiasi

soap opera televisiva, e la linea è afflitta dalle maledizioni di vari dei offesi. La Casa di Tebe è l'ultima 'famiglia disfunzionale.' (Traduzione mia).

La mia ipotesi è che Freud abbia scelto la saga di *Edipo* come metafora dello sviluppo psicosessuale del bambino all'inizio della risposta genitale perché sapeva o supponeva che la nostra cultura è incestuosa nelle sue stesse radici, e abusiva, soprattutto nella relazione genitore-figlio. Come potrebbe altrimenti una mente sana scavare nella mitologia umana per trovare la storia più abissale mai raccontata sulla malvagità umana, e incollarla sul dorso di ogni piccolo bambino innocente? E qui la parola 'innocente' mi suona virtualmente nelle orecchie, perché suona falsa.

Se la mitologia antica è vera, noi non siamo innocenti, nemmeno come bambini piccoli, come portiamo, ognuno di noi, il nostro karma individuale e familiare, se lo vogliamo o no, come una questione di legge universale. Ma non darò un giudizio qui, non salterò a nessuna conclusione, e lascerò aperta questa questione.

Guardiamo invece i dettagli della saga di Tebe e vediamo quale acqua possiamo attingere da essa per la nostra domanda se la teoria di Freud sul complesso di *Edipo* porta la verità e può essere convalidata, o se deve essere liquidata come una proiezione culturale sulla natura umana.

Liz Greene e Juliet Sharman-Burke scrivono in *The Mythic Journey (2000):*

> Questo racconto riguarda ciò che i greci intendevano come la maledizione della famiglia: un'offesa contro un dio che viene punito attraverso le generazioni successive. In termini psicologici moderni, potremmo intendere questo come la trasmissione di conflitti familiari irrisolti. Ciò che i nostri genitori non hanno affrontato, potremmo trovarci ad affrontare, e questi 'peccati dei padri' passeranno a loro volta ai nostri figli se non li affrontiamo. (Id., 51. Traduzione mia.)

Ma cosa ha fatto? Per prima cosa ha cacciato via sua moglie Giocasta. Poiché lei non sapeva perché il marito voleva liberarsi di lei, riuscì a farlo ubriacare e a fare l'amore con l'uomo ubriaco—e rimase incinta, come aveva voluto.

Sembra piuttosto strano, visto che la coppia era rimasta senza figli in precedenza, ma comunque sembra che i fili invisibili del destino fossero già al lavoro. E Laio era allora ansioso, e appena nato il bambino, fece il passo successivo caotico nel compiere inconsapevolmente l'oracolo: portò il bambino su una montagna, gli trafisse i piedi con un chiodo e lo lasciò lì, esposto a tutti i pericoli.

Per coincidenza, lo spirito protettore dell'oracolo di Delfi è Apollo, e gli dei protettori del bambino erano con i greci allo stesso modo Apollo, e sua sorella Artemide, per questo erano infuriati, ed è stato questo atto che ha scatenato tutta la serie di tragedie a venire.

Questi dei lasciarono allora che un pastore trovasse il bambino che lo aveva chiamato *Edipo*, che in greco significa 'piede gonfio.'

Con un'altra svolta del destino, il bambino è finito tra le braccia della famiglia reale di Corinto, dove *Edipo* è cresciuto in buona salute e in condizioni di parità.

Un giorno, anticipando in qualche modo il suo destino, *Edipo* si recò a Delfi per chiedere all'oracolo del suo futuro, e ottenne da Apollo il terribile oracolo che avrebbe ucciso suo padre e sposato sua madre. In una vena di azione caotica che ricorda il padre, *Edipo* non tornò a Corinto, deciso a dimostrare che il dio si sbagliava. Prese i suoi genitori adottivi per i suoi veri genitori e pensò che, semplicemente non stando più vicino a loro, avrebbe potuto evitare il destino. Apollo, tuttavia, si infuriò per tanta ostinazione e arroganza umana, e la successiva svolta del destino fu ancora una volta un brusco adempimento della predizione.

Come una strana svolta degli eventi, *Edipo* incontrò per caso il carro del re Laio, ma non sapeva che si trattava di suo padre. Laio disse al giovane di uscire di strada, *Edipo* rispose in modo scortese, e il re lasciò che il carro rotolasse sul piede di *Edipo*, aprendo così la vecchia ferita. In un furore, *Edipo* lanciò Laio sulla strada e guidò i cavalli sopra di lui, uccidendo così, inconsapevolmente, suo padre. Inoltre, quello che nell'antica Grecia era considerato un crimine particolarmente pesante, lasciò il cadavere non sepolto nel fango.

Qui il mito sembra quasi incredibile. Se consideriamo che Laio era un re, come può essere che sia stato attaccato così facilmente da un giovane che gli è capitato di attraversare la sua strada, senza godere di alcuna protezione da parte dell'autista della carrozza e del resto del personale?

Per coincidenza, Laio era di nuovo in viaggio verso Delfi, per trovare un po' di pace per aver rapito un giovane ragazzo a scopo sessuale, e gli dei avevano mandato a Tebe un brutto mostro, che si era stabilito alla porta della città chiedendo a ogni passeggero un indovinello: 'Quale essere, con una sola voce, ha a volte due piedi, a volte tre, a volte quattro, ed è più debole quando ne ha di più? *Edipo*, che andò a Tebe subito dopo l'assassinio del padre, indovinò la risposta giusta e rispose:

—L'uomo, perché strisciando a quattro zampe come un neonato, si regge saldamente in piedi in gioventù, e si appoggia a un bastone nella sua vecchiaia.

Il mostro scomparve e *Edipo* fu fatto re di Tebe, e sposò Giocasta, la sua stessa madre, senza naturalmente sapere cosa stesse facendo.

Ma la sua gloria non durò da cieco veggente arrivato a corte e dichiarò che il re *Edipo* era l'assassino di Laio. Nessuno gli credette, ma la regina di Corinto diffuse le informazioni sulle origini di *Edipo*. Giocasta si suicidò e *Edipo* si accecò e, inseguito dalle Furie, maledì i suoi figli (e i suoi fratelli) Eteocle e Polineici, e andò in esilio.

E qui vediamo la maledizione prendere il sopravvento sulla generazione successiva. Dopo molti anni di vagabondaggio per il mondo, guidato dalla figlia-suora Antigone, *Edipo* morì, ma la pace non arrivò alla Casa di Tebe. Sia Eteocle che Polineici morirono nella guerra scoppiata per la successione al trono tebano. E Antigone fu condannata a morte perché aveva liberato lo spirito del fratello morente contro l'ordine del padre Creonte. Il figlio di Polineici cercò di riconquistare il trono, ma perse la battaglia e Tebe fu licenziato.

# Un Racconto Didattico?

Dubbi Sull'Autenticità

Mi chiedo sinceramente se possiamo credere nell'autenticità di questo vecchio mito?

Ci sono almeno tre casi in cui la trama è contro il buon senso, se consideriamo l'usanza dei tempi da cui ha origine. E indipendentemente da quel contesto, la credibilità del racconto è indebolita dalla mancanza di probabilità. Queste incidenze sono:

—Un patriarca che scaccia la moglie non la inviterà mai più a condividere un pasto con lei. Come potrebbe Giocasta far ubriacare il marito se non revocasse il suo ripudio e non la invitasse ad unirsi di nuovo a lui? E se l'ha fatto, il suo atto di costringerlo a copulare con lei per metterla incinta quando era ubriaco è almeno pari, di umore, al suo duro atto di ripudiarla. Nell'antico patriarcato, un atto di ripudio non aveva bisogno di essere giustificato in alcun modo. Ogni uomo aveva il diritto di cacciare la moglie in qualsiasi momento. E, naturalmente, aveva ugualmente il diritto di prenderla di nuovo se la ripudiava con un temperamento focoso. Se la storia dice che stavano condividendo un pasto e che il vino era stato consumato, significa che lui l'aveva presa di nuovo, e così il duro atto di ripudio è stato dimenticato.

Interpretare un atto malvagio come tale, come fanno Liz Greene e Sharman-Burke nel dire che doveva informare la moglie del motivo per cui l'aveva cacciata, è un tipico ragionamento trappola degli psicologi moderni, che interpretano il significato nei vecchi miti, invece di toglierne il significato.

—Un giovane educato e istruito, allevato in modo regale, infuriato per la carrozza di un re, reagisce con maleducazione e poi, perché la carrozza non fa strada, si fa male, e come ritorsione uccide il re senza mezzi termini, lo strappa dalla sua carrozza come farebbe un ladro di strada, e poi monta i cavalli per curarlo nella polvere? Aspetta un attimo, questo può rientrare in una storia hollywoodiana, ma non rientra in quel periodo. Un re non guidava la propria carrozza, e non veniva guidato su nessun tipo di carro, ma su una carrozza reale, e per questo aveva un cavaliere, o diversi cavalieri, e c'erano molte altre persone in giro che avrebbero impedito al giovane di fare a pezzi il re nella grondaia e poi lasciare che i cavalli lo calpestassero.

—Un re che rapisce e 'stupra' un ragazzino? Aspettate ancora un momento e guardate cosa significa *boylove* nell'antica Grecia e cosa significa rapimento! E qui, uno sguardo al testo originale sarebbe necessario per Green e Sharman-Burke chiamare 'stupro' è ancora una volta qualcosa che è il più delle volte interpretato in vecchi miti.

Ho dimostrato nel mio libro *'Minotaur Unveiled'* che il rapimento di ragazzi nobili era proibito dalla legge nell'antica Grecia, ma non il rapimento di ragazzi schiavi.

—Vedi Minotaur Unveiled: The Truncated Account of Adult-Child Erotic Attraction, Wilmington, DE: Sirius-C Media Galaxy LLC, 2018

Il rapimento era all'epoca un mezzo frequente per avere due settimane di rapporti sessuali con un ragazzo pubescente. Questo tipo di rapimento non era, come oggi, seguito da un omicidio. Nel caso regolare era seguito dalla liberazione del giovane dopo avergli fatto un regalo più o meno importante che, a seconda dello status sociale dell'amante, poteva essere un compenso sostanzioso. In effetti, il rapimento era spesso, nel vecchio patriarcato, anche il preliminare di un matrimonio; questo vale sia per la cultura ebraica che per l'antica Grecia e Roma. L'unico obbligo che un amante aveva quando rapisce una ragazza per sesso era quello di sposarla, o di pagare un compenso al padre della ragazza nel caso in cui non lo facesse. Quando l'amante era un re, aveva certamente il diritto di godere del sesso con i giovani, come era consuetudine dell'epoca, e qui la sua responsabilità era condizionata al pagamento di un'indennità al ragazzo o alla sua famiglia.

Senza considerare tutti questi dettagli, interpretare l'amore giovanile di Laio come un'offesa agli dei, come ragionano gli autori, o peggio, a chiamare questo atto un crimine nel senso moderno del termine, è piuttosto inverosimile ed è, come ho sottolineato prima, solo un'altra 'intropretazione' di un racconto antico che tradisce il pregiudizio dell'interprete.

Devo qui dimettermi da ulteriori interpretazioni, perché ho avuto la forte sensazione, molto tempo fa, che questo mito fosse interpretato come un racconto didattico, e come tale non sarebbe stato qualificato come un mito che cresceva organicamente all'interno di una cultura, per riflettere i costumi di quella cultura. Questa storia o è stata fraintesa o è stata ricostruita in seguito per adattarsi alla morale della nostra epoca moderna.

Ciò che sento intuitivamente in questa strana storia di follia umana è che insegna che il patriarcato come paradigma sociale non funziona e crea scompiglio in tutte le possibili relazioni, genitore-figlio, marito-moglie e governante-cittadino. Sento che gli attori sul palcoscenico non interpretano se stessi, ma ruoli sociali. I ruoli che interpretano sono dei cliché culturali.

La domanda che mi chiedevo quando ho letto questo racconto per la prima volta era: 'Come avrei reagito se avessi ricevuto un simile oracolo?' E mi sono ritrovato a chiedermi: 'Cosa ho fatto per ricevere un oracolo così brutto e fatale?'

Con questa ricerca di conoscenza di sé, cercherei di scoprire chi sono, quali sono le mie radici, cosa hanno pensato i miei genitori quando mi hanno concepito e quali sono state le circostanze della mia nascita.

Se *Edipo* avesse fatto queste domande, sarebbe tornato con molta probabilità a Corinto per scoprire seriamente la verità sulle sue origini, interrogando i suoi genitori adottivi. E se fosse stato onesto, serio e impegnato, c'è ancora una volta la possibilità che gli avessero raccontato la vera storia. E con questa apertura di coscienza, l'incantesimo dell'oracolo avrebbe perso molto, se non tutto il suo potere.

L'atto stesso dell'indagine, la ricerca della conoscenza di sé, è esattamente ciò che placa la rabbia anche degli dei più vendicativi, ed è per questo che sopra la porta del tempio di Apollo a Delfi, visibile a tutti coloro che visitano l'oracolo, è scritto:

—*Conoscere se stessi!*

Ma l'antico patriarcato come l'odierna cultura del consumo, che non è altro che un'annata modernizzata, è contro la ricerca interiore, e non insegna ai bambini cosa significhi l'auto-inchiesta e come possa essere effettuata. E questa è, in fondo, la più grande trappola di questa perversione culturale che chiamiamo patriarcato.

E per tornare a Freud, devo notare che non sono in vantaggio nella mia indagine sul perché abbia scelto questa storia per esemplificare la crescita psicosessuale del bambino. Posso solo immaginare che Freud abbia scelto questo racconto per esemplificare la nevrosi del bambino moderno, o la potenziale nevrosi, la nevrosi culturale e individuale del bambino moderno che è il risultato di un'impostazione culturale profondamente schizofrenica.

La dott.ssa *Françoise Dolto (1908-1988)*, la psicoanalista freudiana francese che una delle terapiste infantili più rinomate al mondo, capace di curare i bambini psicotici, ha detto in uno dei suoi workshop sulla psicoanalisi infantile che la maggior parte dei giovani psicoanalisti dimentica il fatto che solo il bambino nevrotico è incestuosamente fissato con i genitori, o il genitore del sesso opposto, ma non il bambino normale e psichicamente sano.

—Vedi Françoise Dolto, Séminaire de psychanalyse d'enfants, Tome 2 (1985).

Se potessi, le chiederei: 'E la percentuale di bambini nati nella moderna cultura del consumo che sono realmente sani psichicamente nel senso che sono pienamente sessuali senza essere psicosessualmente attratti dai loro genitori?' Secondo me, forse il dieci per cento.

Così sono tornato al punto di partenza, sapendo quello che sapevo prima, cioè che è folle una cultura che organizza la famiglia in modo che le fissazioni incestuose siano un problema dilagante. Il fatto che siano dilaganti nella nostra cultura era in effetti il punto di vista di Dolto, e il suo punto di vista si basava su un'esperienza professionale che dura da quasi tutta la vita. Nel suo libro *La Cause des Enfants (1985)*, scrive:

Nella famiglia nucleare di oggi, soprattutto nelle aree urbane, le tensioni e i conflitti sono molto più esplosivi, e questo perché sono sottostanti. Oggi il numero di persone con cui un bambino è in contatto è più contenuto rispetto al passato. Nel XVII e XVIII secolo, il bambino poteva trasferire i suoi sentimenti incestuosi verso altre donne, diverse dalle madri, che si divertivano a fare piccoli e divertenti giochi sessuali con ragazzini o giovani di cui non erano la madre. (Id., 29, Traduzione mia.)

Quindi cosa devo fare? Incolpare la psicoanalisi? Suona come dare la colpa al messaggero per il messaggio che porta. Freud ha analizzato la sua cultura. Non ha creato una nuova cultura. Non voleva cambiare ciò che vedeva era una cultura folle che porta più male che bene con il suo moralismo, le sue guerre e i suoi tabù. Diceva che la sua missione come psichiatra era di guarire coloro che soffrono delle patologie che questa cultura inevitabilmente porta con sé, non di più e non di meno. Ma non ho bisogno di seguire Freud qui, ma posso diventare un attivista per una nuova società dove i bambini godono della libertà sessuale.

Naturalmente, posso assumere la posizione che Wilhelm Reich assunse all'epoca contro Freud, che ammise e riconobbe il suo radicamento culturale.

Reich sosteneva che non siamo vittime della cultura che ci ha portato, ma che siamo tenuti a contribuire a cambiare una cultura che vediamo si basa su principi che suscitano follia e comportamenti caotici negli esseri umani.

Personalmente sono d'accordo con Reich, mentre Freud non aveva torto, dopo tutto. Era solo un conservatore. Questa è stata la sua scelta.

Sono avanti di un passo, un piccolo passo però. So che posso guarire le persone che soffrono delle patologie che questa cultura crea, e so anche che posso aiutare a cambiare questa cultura. E, cosa ancora più importante, so che per fare quest'ultimo passo non posso sfruttare il potere della psicoanalisi. Per una questione di buon senso, per cambiare la mia cultura, devo andare oltre l'analisi, o dimostrare che si sbaglia. Devo mostrare un modo migliore, e lo faccio prima di tutto cambiando me stesso. Cosa significa questo?

Ne ho già accennato una parte: scoprire chi sono, quali sono le mie origini, qual è il mio karma individuale e familiare. E anche, quali sono i miei talenti, le mie doti uniche, il mio potenziale creativo, se è matematico, visivo, letterario o artistico, se è buono per una carriera nel design, nella pittura, nelle arti dello spettacolo, nella scienza, o nella filologia, o se sono dotato manualmente, per diventare un artigiano, o un pianista.

La parte successiva sarebbe quella di vedere qual è il mio orientamento spirituale, cosa capisco personalmente sotto il profilo della spiritualità e cosa posso prendere dalle acque che le religioni offrono, o cosa non posso prendere da esse. Potrei scegliere di creare la mia religione, la mia spiritualità liberale o meno.

E cosa succede quando lo faccio? Non solo acquisisco la conoscenza di me stesso, ma aiuto anche a cambiare la mia cultura.

Spiegatelo come risposta morfogenetica o in qualsiasi altro modo, il fatto è che tutto ciò che otteniamo individualmente è un risultato anche per tutta la nostra cultura. Così abbiamo un impatto sulla cultura, e, incrementalmente, aiutiamo quella cultura a riformarsi, a cambiare, a trasformarsi in una cultura migliore, più consapevole e più armoniosa nel futuro.

Per esempio, quando ho subito un trauma infantile precoce, cercherò di chiedere consiglio e cercherò di far fronte a quelle che vedo come conseguenze della mia fissazione, e potrei diventare consapevole del fatto che questo profondo dolore precoce ha creato ansia e una costrizione del mio flusso emotivo.

—Vedi Peter Fritz Walter, Emotional Flow: A Holistic Approach to Healing Sadism (Essays on Law, Policy and Psychiatry, Vol. 3), 2018.

Quindi devo fare i conti con il mio corpo e con il mio assetto bioenergetico, cercando di avere una vita sessuale armoniosa che sia il più possibile libera dal dolore inflitto agli altri, il più possibile libera dall'ansia, e il più possibile libera dalla costrizione.

Quindi non obbedirò a ciò che la società mi dice perché so che è sbagliato e abietto, perché è l'assetto stesso della società che ha portato all'abuso in primo luogo; quindi, opterò per relazioni erotiche libere e consenzienti che ritengo vadano bene per me e per i miei partner, qualunque sia la loro età.

—Vedi Peter Fritz Walter, *Pedophilia Revisited: The Making of a Crime for Justifying Lacking Social Policy* (Essays on Law, Policy and Psychiatry, Vol. 7), 2018.

Questa è la via del vero eroe. Nei prossimi capitoli esplorerò le vie più contorte dell'*Eroe Edipo*. E poi potrete vedere voi stessi quale sia il modo migliore per voi. Potete scegliere che tipo di eroe volete essere, un vero eroe o un falso eroe. *Edipo* era l'ultimo.

Il vero eroe integra la conoscenza di sé, il falso eroe, o *Eroe Edipo*, ne fa a meno. Questa è davvero l'unica differenza.

Ma quella minuscola differenza nel nostro assetto interiore, nella nostra visione del mondo di base, nel nostro atteggiamento, nel nostro orientamento, che vedrete nelle pagine seguenti, fa un'enorme differenza nel mondo, in ciò che la persona produce, come frutti, come karma.

Per riassumere, direi che il vero eroe crea il progresso e l'evoluzione umana, mentre l'*Eroe Edipo* crea la negazione, l'immobilismo, l'evoluzione soffocata o la devoluzione.

Il perché di tutto ciò è abbastanza facile da capire. La missione del vero eroe, in quanto basata su scelte consapevoli, porta ad un aumento della coscienza dell'umanità.

La missione dell'*Eroe Edipo,* in quanto basata su scelte inconsce, è di diminuire, e velare ulteriormente, la coscienza dell'umanità. In termini ancora più semplici, il vero eroe porta più luce alle ombre, mentre l'*Eroe Edipo* porta più ombra alla luce. Si potrebbe anche dire che l'*Eroe Edipo* è il contro-giocatore dell'evoluzione umana, ed è stato storicamente sempre in primo piano in tempi di fascismo, di restaurazione politica, di tirannia religiosa e di retrogradazione della vera spiritualità in fanatismo religioso fondamentalista.

# L'Eroe Edipo

Il Perpetratore Elucidato

Potrebbe non essere ancora chiaro cosa sia in realtà un *Eroe Edipo,* quindi ho bisogno di chiarire ulteriormente ciò che caratterizza un uomo o una donna che in realtà è un *Eroe Edipo.*

Per quanto riguarda la terminologia, il tipo di donna, secondo l'espressione freudiana, dovrebbe essere chiamato *Eroe Elettra,* ma posso semplificare le cose, o piuttosto limitare l'argomento di questo libro all'annata maschile del nostro *Edipo.* Credo sia più saggio lasciare che sia una donna a scrivere l'altra metà della storia! Sostengo cioè con lo *Yi Jing* che l'autocontrollo è una virtù piuttosto che un vizio per quanto riguarda la conoscenza.

A dire il vero, non ho la conoscenza emotiva per scrivere l'altra parte, perché non sento cosa significa essere una donna, e qualsiasi uomo che lo faccia è un bugiardo. E questo è particolarmente vero per quanto riguarda le nostre calde sensazioni sessuali; un uomo può solo speculare su come una bambina sperimenti l'amore per suo padre, ed è qui che la scienza trova il suo naturale limite. La scienza non è oggettiva e non lo sarà mai, e un uomo che esplora l'universo sessuale di una donna non sarà mai un vero scienziato! Punto.

Ecco perché, a questo punto dello studio, ho intenzione di restringere deliberatamente la portata dello studio, ed esplorare ulteriormente solo l'annata maschile dell'*Eroe Edipo*. E con la presente, implicito che c'è naturalmente una versione femminile del racconto, e invito le autrici ad avventurarsi nella scrittura dell'altra metà della luna.

Eppure oso dire che c'è ancora una differenza. Il rapporto madre-figlio non può essere paragonato al rapporto padre-figlia perché il maschio è più fragile a livello psichico, e quindi la *codipendenza madre-figlio* è più devastante per una sana crescita psicosessuale di un ragazzo che la codipendenza padre-figlia per la crescita psicosessuale di una ragazza. Questo è riconosciuto oggi dalla maggior parte degli psicologi, psicoanalisti e psichiatri; anche questa intuizione fa parte della filosofia perenne e non è una visione sessista: i sessi maschile e femminile non sono costruiti allo stesso modo sul piano psichico, un fatto che è stato dimostrato più volte in tempi di crisi, guerra e sconvolgimenti sociali. Le donne sono semplicemente più forti e più robuste psichicamente degli uomini. Vivono più a lungo, sono meno soggette a malattie cardiache, stanchezza cronica e disturbi depressivi, e possono affrontare meglio lo stress, sia sul posto di lavoro che a casa. Naturalmente, come sempre, le eccezioni confermano la regola.

Ma penso alle donne che amano eroticamente non i ragazzini, ma le ragazzine, e mi chiedo quale sia l'eziologia del loro orientamento sessuale. Alcune di queste donne hanno parlato dei loro sentimenti su Internet, ma non hanno speculato su ciò che le ha fatte diventare ragazzine come compagne d'amore rispetto ai ragazzini. Io ipotizzo che abbia a che fare con il modo specifico in cui hanno vissuto il loro *Complesso di Elettra,* come si sono relazionate o non si sono relazionate, o non hanno potuto relazionarsi, con i loro padri. Tutto è ancora aperto in questo intrigante campo di ricerca; poco si sa perché queste donne sono molto riservate. Ho scritto e-mail ad alcune di loro, ma non hanno risposto, e ho sentito di amici che non hanno rivelato i loro sentimenti a nessun maschio, ma solo alle femmine; il che è sessismo sull'altra metà della luna, ma va bene. Penso che far avanzare il ragionamento teorico e le deduzioni intellettuali su ciò che caratterizza l'*Eroe Edipo* sarebbe un'impresa noiosa. Lasciatemi invece discutere il problema usando racconti o esempi di insegnamento.

Poiché non voglio importare nessuno, interpreterò esempi tratti dal materiale vivente, e lascerò al lettore la possibilità di vedere dei parallelismi con qualsiasi persona conosciuta del passato o del presente.

Per cominciare, la caratteristica principale dell'*Eroe Edipo* è la sua mancanza di conoscenza di sé. Ignora la sua vera identità. Non sa niente o molto poco delle sue radici, e ha costruito una visione del mondo che non è diversa da quella di un torso. Ha lasciato fuori dalla sua filosofia di vita di base tutto ciò che tradirebbe la sua vera identità, così rifiuta l'astrologia karmica, qualsiasi tipo di divinazione, e anche qualsiasi tipo di conoscenza esoterica minore che potrebbe informarlo su se stesso. In una parola, egli rifiuta la verità, la vera conoscenza, e interpreta una scienza che gli fornisce le mezze verità che lo confortano nella sua pietosa ignoranza spirituale.

Così come *Edipo* non ha ragionato dopo aver ricevuto l'oracolo per trovare la verità di quella strana previsione dentro di sé, e quindi dentro il suo destino, egli esce per salvare il mondo dal male, ed è qui che inizia la sua ricerca pseudo-eroica. Come *Edipo* non pensò nemmeno di recarsi a Corinto per indagare sulle sue origini, l'*Eroe Edipo* uccide suo padre, metaforicamente parlando, negando le sue origini e il suo karma.

Tradisce se stesso e le sue radici biologiche, spirituali e genetiche pensando di non aver mai avuto un padre, di essere cresciuto 'in una famiglia di sole donne,' di non avere 'nulla in comune' con suo padre, perché suo padre era 'un'anima perduta,' 'un bevitore' o un 'maniaco sociale,' 'clochard' o 'inetto,' 'un omosessuale segreto' o 'pedofilo nascosto,' 'un eterno studente,' 'un filoso-fo senza speranza' o 'un eterno maltrattatore' o semplicemente 'qualcuno che non avrebbe mai dovuto sposarsi e mettere al mondo un figlio.'

Tutte queste variazioni del tema 'padre' aumentano nei dialoghi con gli *Eroi Edipici*, che nella vita reale si ritrovano nei dialoghi con coloro che hanno un problema con la società, con le regole, con l'autorità, o che sono su un binario di sola spiritualità.

Quest'ultimo gruppo di maschi è interessante perché, rifiutando il padre, rifiutano più precisamente la vita, il suo succo, il piacere, la sensualità, l'intelligenza emotiva, sostituendola con un sistema rigido e dogmatico di credenze fondamentaliste. Così abbiamo gli inetti sociali, i nostalgici e i misantropi, i rivoltosi che vogliono far saltare in aria il sistema, se si definiscono terroristi o no, e abbiamo i dittatori e i tiranni che vogliono punire il mondo come atto proiettivo per punire i loro padri inadeguati.

E abbiamo gli assassini di bambini che vogliono punire le bambine o i bambini per non essere stati 'abbastanza gentili' con loro quando giocano con il loro irrisolto padre imago con la domanda implicita ma non formulata 'Non sono adorabile?' e abbiamo, non ultimo, l'attivista sociale per qualsiasi 'buona causa' per insegnare al mondo cosa sia la 'vera bontà.'

Sono tutti *Eroi Edipici*, solo che la società nella suo eterno misticismo trova che quest'ultima annata vada bene e tutte le altre annate non vanno bene. La società, pur non riflettendo sulla differenza, adora l'*Eroe Edipo* positivo mentre disprezza la sua controparte negativa.

La società in qualche modo capisce che entrambi i personaggi hanno in comune il fatto di aver avuto un'infanzia difficile, ma la società tradizionale vede un segno di forza e virtù nel fatto che una persona nega la sua ferita invece di capire che la vera forza è riconoscere la propria ferita.

La società generalmente non vede che sia l'*Eroe Edipo* positivo che quello negativo fanno del male agli altri, solo che il criminale, lo schizofrenico e il terrorista lo fanno apertamente e per così dire onestamente, e il finto eroe, l'attivista sociale che diventa un persecutore, fondamentalista, spia, puritano del mondo e poliziotto spietato lo fa di nascosto e in modo proiettivo. Fa del male a chi massacra in nome del 'fare del bene.'

La mente sana non ha bisogno di salvare nessuno. Non ha bisogno di andare in guerra contro la prostituzione, gli abusi sui bambini, i diritti delle donne o qualsiasi altra cosa gli passi per la testa. Accetta il mondo perché accetta se stesso. E accetta se stesso perché ha accettato le sue origini, suo padre e il suo karma.

La caratteristica principale, quindi, dell'*Eroe Edipo*, rispetto al vero eroe, è che non sa chi è e perché fa quello che fa. Crede di fare del bene per gli altri e per il mondo, seguendo uno schema piuttosto meccanicistico di valori e di giudizi buoni e cattivi che ha interiorizzato quando era il bravo ragazzo per sua madre. Di conseguenza, il suo codice di comportamento è piuttosto rigido, e la sua mentalità è giudicante. Vede il mondo diviso tra i buoni e i cattivi, come in un film, e le sue opinioni politiche seguono questo schema in bianco e nero di giudizio estremo.

La ragione psicologica per cui l'*Eroe Edipo* è spesso semplicistico, duro, chiaro, secco e giudicante nella sua valutazione del mondo, e dell'azione umana, è che ha bisogno di difendere l'intuizione che la complessità della vita è più intelligente di lui, dicendogli, in un modo o nell'altro, le false ragioni per cui agisce, e quali sono le sue vere motivazioni. Egli intuisce che questo, a sua volta, lo porterebbe automaticamente sulla strada dell'auto-inchiesta, e che scoprirebbe le sue origini e il suo karma.

La verità è che la vita ci guida sempre ad acquisire una maggiore conoscenza di sé e una persona deve essere davvero rigida al di là della ragione e giudicante e proiettiva nel suo atteggiamento generale che questa naturale ricerca di conoscenza di sé è completamente tagliata fuori. Significa che la persona deve investire energie vitali per sostenere la struttura della negazione e la serie di progetti che ha creato.

E qui siamo al centro dell'eziologia della nevrosi come Freud e altri l'hanno descritta. È una negazione del desiderio, il desiderio di conoscenza che è insito in tutti gli esseri viventi, ed è questa *negazione della conoscenza* che è la vera ragione per cui la persona nega gli impegni sessuali, perché il sesso con gli altri porta conoscenza. Mentre la masturbazione o il sesso autoerotico non lo fa. Solo il rapporto sessuale porta questa conoscenza; è molto significativo che la parola sia usata anche per indicare il rapporto sociale. Porta conoscenza sia sul nostro compagno che su noi stessi. Questa verità è ben espressa nella Bibbia, dove il rapporto sessuale è descritto come 'conoscenza carnale' o quando si dice che un uomo conosce una donna quando va dalla moglie o dalla concubina. È stato spesso detto che il divieto di masturbazione da parte dell'ebraico aveva ragioni procreative, ma può anche essere stato un incoraggiamento a cercare un rapporto sessuale nel senso di 'uscire e moltiplicarsi' come una questione di *comunicazione sociale*, invece di stare a casa e masturbarsi in una terribile solitudine.

La ragione numero uno per cui la sessualità libera era storicamente proibita agli schiavi è che porta conoscenza. Nell'antica Grecia, per esempio, il *boylove*, l'amore erotico e appassionato dei ragazzi adolescenti, era permesso solo ai nobili, non agli schiavi. Uno schiavo che si arrogasse di intraprendere una relazione d'amore con un ragazzo sarebbe stato imprigionato.

Un altro esempio ben noto è la Chiesa cristiana. Il tabù sulla sessualità al di fuori del letto matrimoniale e sulla procreazione era un potente aiuto nella ricerca della Chiesa per il dominio e il controllo spirituale; la Chiesa ha imposto questo tabù in modo draconico, usando minacce, persecuzioni, torture e omicidi intenzionali, durante l'Inquisizione. Il risultato è stato un popolo molto ignorante che ancora oggi non sa quasi nulla sulla contraccezione naturale, mentre prima dell'olocausto commesso dall'Inquisizione, questa conoscenza era liberamente disponibile presso le ostetriche e gli stregoni.

—Vedi, per esempio, Riane Eisler, Sacred Pleasure (1996), con ulteriore riferimenti.

Allo stesso modo, la ragione per cui oggi al bambino è proibito avere rapporti sessuali con coetanei e adulti al di fuori della famiglia è quella di mantenere i bambini nell'ignoranza il più a lungo possibile per salvaguardare il dominio della cultura del consumo e per assicurare che, essendo affamato emotivamente e sessualmente, diventi un consumatore avido e senza cervello. L'attuale roccaforte del business multinazionale sul corpo e sulla mente delle persone sarebbe impossibile da mantenere se i bambini crescessero consapevoli della copulazione naturale fin dai primi anni di vita.

E qui possiamo ulteriormente capire che l'*Eroe Edipo* è davvero un masturbatore in tutti i sensi, sessualmente, e anche metaforicamente nel senso di strofinarsi contro se stesso, evitando così la calda compagnia degli altri.

Quest'ultima caratteristica fa parte del suo narcisismo auto-chiudente, e non è evidentemente legata alla sua fissazione edipica. *L'Eroe Edipo* è un brillante masturbatore anche di fronte agli altri, quando va a tenere discorsi dove può eiaculare tutto il suo veleno contro il suo particolare bersaglio capro espiatorio.

L'altra caratteristica principale dell'*Eroe Edipo* è che, per sua stessa ignoranza, è un pedofilo represso. Ha fortemente represso e condannato le sue pulsioni pedofile, al punto da dimenticare la sua attrazione iniziale da qualche parte intorno all'adolescenza e alla prima età adulta. Invece di chiedersi cosa lo spinge a desiderare i bambini, e a causa della paura e del senso di colpa, preferisce chiudere la porta a quel mondo interiore e rifiuta tutto quel bisogno pruriginoso di vicinanza con i bambini; è così che, in una questione di retrogradazione bioenergetica, diventa un pedofilo che odia e persecutore.

Il pedofilo si differenzia dall'*Eroe Edipo* per il fatto che è consapevole del suo desiderio di vicinanza emotiva e sessuale con i bambini, e più o meno lo accetta. Ma ci sono anche pedofili che non hanno realmente accettato la scelta che hanno fatto inconsciamente, maledicendo il loro destino di essere tra una minoranza sessuale che è la più disprezzata di tutte; questi pedofili mezzi cotti sono spesso anche *Eroi Edipici* mezzi cotti. Ho conosciuto alcuni esemplari di quest'annata e li ho visti immancabilmente impegnati in attività umanitarie per bambini indigenti, poveri o orfani, ma essi condannano fortemente in se stessi e negli altri ogni accenno di attrazione erotica per un bambino, e quando vedono altri pedofili agire, li colpiscono, e li denunciano!

Tutti gli *Eroi Edipici,* completamente o in parte, hanno in comune il fatto di voler dimostrare al mondo quanto siano forti, buoni, giusti, coraggiosi, duri e determinati, e tendono a sottolineare che non fanno quello che fanno per motivi egoistici, ma per 'fare la differenza,' per aiutare 'a cambiare il mondo,' o per dare 'un contributo significativo.' È la retorica dell'egoismo che è male, e dell'altruismo che è bene, dell'egoismo contro l'altruismo, dell'ego contro l'oltre, e tutti gli espedienti spirituali semplicistici che conosciamo dalle religioni fondamentaliste.

Hanno, come era stato personalizzato, quella retorica per giustificare il loro spirito persecutore, se non terminatore, che permette loro di essere eternamente in guardia, come il proverbiale babbuino, con un fallo eretto, per spiare i cattivi e punirli con dolorosi stupri anali—almeno nelle loro fantasie. (La maggior parte di loro commetterà uno stupro maschile nell'ambito della persecuzione legalizzata, quindi nella maggior parte dei casi chiamando le forze dell'ordine, ma alcuni di loro violentano fisicamente, quando si trovano in prigione e possono spiare i criminali sessuali). Per fantasia, e poiché reprimono una buona parte della loro genitalità, sono spesso regredite nell'anale, il che le rende poco accoglienti da avere intorno, in quanto non sono mai rilassate, sempre costipate, doverosamente occupate, sempre in guardia, sempre pronte a colpire, sempre cariche di emozioni che non hanno mai imparato a gestire.

Nei loro rapporti con le donne, questi maschi sono spesso ruvidi, perché sono confusi sul significato di tenerezza, e credono che un 'vero uomo' debba essere puzzolente, ruvido e sempre 'al top,' anche sessualmente. A casa, non si prendono quasi mai cura dei bambini, perché credono che le attività al chiuso siano per le femmine, e che i maschi debbano conquistare il pane.

Soprattutto aborrissero le femmine imponenti, e una femmina sta già dominando per loro quando non vuole seguire ma ha le sue opinioni. Poi, si trova 'opinionata.' Quando si rifiuta di essere picchiata per piccoli errori quotidiani, viene trovata 'emancipata.' Quando le piace la bellezza e la casa estetica, viene definita 'stravagante.' Quando è tenera, dolce e premurosa con i bambini, viene chiamata 'una gallina.' Attenzione, è una donna bellissima dovrebbe avere sempre una relazione! E quando ha avuto una relazione e viene scoperta, viene chiamata 'una troia sciolta' e cacciata via.

Gli *Eroi Edipici* si trovano spesso in sport ruvidi come il pugilato o le corse automobilistiche, e sono sicuramente la specie che popola le nostre palestre, e che hanno bisogno di ordinare taglie extra per la tuta, semplicemente come una questione di ipertrofia muscolare. Ovviamente preferiscono il bodybuilding al *mindbuilding*, e si trovano sempre più spesso in politica, dove la mente non è stata notoriamente mai richiesta. Intellettualmente gli *Eroi Edipici* tendono ad essere mediocri, mentre possono investire un buon tempo nell'apprendimento e nello studio, anche da adulti. Quando si trovano intorno a persone brillanti, persone a casa nel mondo accademico, o geni, tendono a sentirsi inadeguati, inferiori, cavalcati da un complesso per essere intellettualmente inferiori, non abbastanza intelligenti, o per mancanza di capacità di conversazione, il che si traduce in un loro cattivo atteggiamento quando sono in giro per feste, ricevimenti o cene di gala.

Per quanto riguarda le buone maniere, sono piuttosto grezzi e tendono ad andare e venire in compagnia, in modo da avere un po' di riserva nel caso in cui commettano un passo falso. Odiano vestirsi bene e poi andare da soli a un ricevimento, o semplicemente lo evitano. Sono il frutto dei sogni di ingenue ragazze di campagna, e hanno fatto la loro fama sulle spalle di quel tipo di popolazione, soprattutto nei drammi hollywoodiani. La loro goffaggine quando sono in giro nella buona società è presa per il fascino dell'eterna giovinezza, del ragazzo affascinante adolescente, del *Peter Pan* delle fate, dell'archetipo puerile.

Hanno contribuito in modo decisivo a formare il *American Dream,* e nel mondo glamour dei film hollywoodiani sono requisiti scenici. Il lato nascosto della gloria, la sua gloriosa bontà, è la sua abissale violenza. Nella maggior parte dei casi, gli *Eroi Edipici* sono consapevoli del loro problema di controllare la loro rabbia, dei loro violenti scoppi d'ira e dei loro capricci, e del loro generale comportamento piuttosto vendicativo. Come se aspettassero l'occasione di arrabbiarsi e di impazzire, per dimostrare a se stessi di essere dei veri uomini.

L'altro lato della luna è ben visibile nel film *Dr. Jeckyl e Mr. Hyde* che mostra la natura schizofrenica dell'*Eroe Edipo* in una bella messa in scena e in modo orchestrato. Qui il dottore buono, lì il pisello cattivo, due facce della stessa medaglia, mentre il cittadino buono si trasforma in pochi secondi nell'uomo animale cattivo.

La natura è davvero vendicativa per coloro che reprimono la loro vera natura, e sono controllati dall'io interiore che rinnegano. Nel reprimere le nostre *pedoemozioni* o, in generale, nel sostituire l'amore con il moralismo, che è la scelta sbagliata che l'*Eroe Edipo* ha fatto e dove ha agito contro la sua migliore natura, la sua migliore conoscenza e la sua coscienza superiore, è diventato profondamente frammentato, al punto che, in alcuni casi patologici, la personalità si scompone e emergono due personalità separate.

—Le *pedoemozioni* sono desideri e fantasie emosessuali temporanei, transitori, ricorrenti o esclusivi che coinvolgono i bambini. Mentre le pedoemozioni non sono principalmente sessuali, esse focalizzano la nostra attenzione emotiva sui bambini in un modo che i bambini diventano più importanti, più attraenti, più interessanti con cui stare, più accattivanti e più seducenti di quanto non lo siano per una persona di controllo con un minor grado di pedoemozioni. Le pedoemozioni sono presenti sia negli uomini che nelle donne e i loro oggetti d'amore possono essere sia bambini maschi che femmine o in forma bisessuale sia maschi che femmine.

—Ho creato il termine *emosessualità* per sottolineare che l'orientamento sessuale si basa sulla predilezione emotiva e non viceversa, sulle cosiddette pulsioni sessuali, come presuppone la sessuologia. Il termine non è semplicemente una composizione delle parole *emotività* e *sessualità*. Non solo esprime che le emozioni e la sessualità oscillano naturalmente insieme, ma che questa unione crea l'esperienza unica che chiamiamo amore.

Il termine non ha nulla in comune con lo stesso termine usato dalla cultura popolare, perché in quest'ultimo caso denota una sessualità priva di penetrazione, di mera accarezzatura. Questo non è il caso della mia nozione di emosessualità che comprende la piena sessualità ma anche la piena emotività, come distinta dallo schema robotico della sessualità costituito dalla sessuologia moderna, che difende un concetto artificiale di sessualità che è in qualche modo distaccato dalle emozioni umane e che è di carattere automatico, auto-esecutivo.

L'emosessualità descrive il complesso processo di interrelazione tra le nostre emozioni e il desiderio sessuale che viviamo fortemente una volta che amiamo qualcuno. Il termine sessualità ha infatti un significato molto limitato perché si limita all'attività genitale. L'emosessualità è un concetto molto più ampio ed è destinato a servire alla sessuologia e alla psicologia cognitiva per meglio formulare i risultati delle loro ricerche sul significato dell'amore e delle relazioni d'amore tra le persone.

Ma ciò che il film mostra, e ciò che una buona psichiatria può ugualmente dimostrare, la scissione è già presente nel personaggio *Edipo* fissato, e come scelta culturale, anche questa scissione fa parte della nostra cultura.

Per questo la chiamo *Cultura Edipa*.

Mentre vediamo gli *Eroi Edipici* recitare sul palcoscenico pubblico praticamente ogni giorno, visto che sono così popolari, e sempre più popolari, vediamo solo la loro luce, e non la loro ombra. Vediamo solo quello che fanno e dicono ufficialmente, non quello che fanno e dicono in privato e a porte chiuse.

Non dovremmo saperlo perché ne saremmo scioccati!

# NARCISO E EDIPO

Un Problema Psichiatrico Complesso

Questo mi porta a spiegare il narcisismo dell'*Eroe Edipo,* il suo narcisismo estremo. Gli autori di *The Mythic Journey* parlano della 'tragedia dell'amore narcisistico.' Comprendendo il narcisismo dell'*Eroe Edipo,* comprenderemo la sua distruttività e, più specificamente, cominceremo a capire perché egli vuole distruggere l'amore ovunque lo incontri. Liz Greene e Juliet Sharman-Burke scrivono:

> Questo triste mito greco racconta di passione e di rifiuto, e mostra come le ritorsioni e le vendette, lungi dal portare sollievo, non fanno che aumentare l'agonia. Ancora più importante, implica che se non conosciamo noi stessi, possiamo passare la nostra vita a cercare questa conoscenza attraverso l'ossessione di noi stessi—il che significa che non siamo in grado di offrire amore agli altri. (Id., 124. Tradizione mia.)

Il narcisismo non è davvero quello che la maggior parte dei laici capisce sotto questa intestazione. Non è amore per se stessi, ma il contrario. Narciso era sordo ai sussurri della ninfa Eco non perché amasse troppo se stesso, ma perché era ossessionato da se stesso. L'auto-ossessione non è amore per se stessi, è una compensazione del loro vuoto interiore, che è una mancanza di conoscenza di sé, e anche una totale mancanza di vera spiritualità. *È una perdita dell'anima.* Non possiamo amare un altro quando la nostra vita è senz'anima, e senza senso, quando non abbiamo un orientamento spirituale nella vita, quando non sappiamo chi siamo veramente.

I narcisisti, e anche coloro che hanno la doppia afflizione di un'impiccagione edipico insieme a una fissazione narcisistica, cioè gli *Eroi Edipici*, stanno capendo molte cose sotto la testata dell'amore. Capiscono che può permettere di controllare l'altro, di approfittarsi dell'altro, di essere confortati nei momenti di solitudine, di avere una moglie che ha dei figli, o dei figli che si prendono cura di uno in età avanzata, che sono tutti concetti utilitaristici dell'amore. Può favorire altri concetti di amore, ma non sono tutti amore, ma forme concettuali per qualcosa che non capiscono. Sono dita che puntano alla luna, ma non sono la luna, come dice il detto Zen. E ciò che la maggior parte dei narcisisti vuole quando dice di amare qualcuno è la soddisfazione, emotiva e sessuale, e spesso anche la soddisfazione materiale. 'Ho una moglie e due figli. Ho una famiglia. Ho una casa. Ho compagnia. Ho sicurezza. Ho conforto. Ho…'

*L'Eroe Edipo* è completamente dalla parte di quello che Erich Fromm chiamava *To Have* e molto poco o per niente dalla parte di *To Be*. Egli crede che una vita di vero *Essere* sia riservata ad artisti, bambini e allenatori professionali. Per lui l'amore deve avere una ragione. E se non ne ha, gliene darà una. *L'Eroe Edipo* si immerge virtualmente nel pensiero concettuale; l'idea che la vita possa essere qualcosa da percepire veramente solo quando si eliminano tutti i concetti e si stabilisce una connessione diretta è un'idea aliena per lui.

Ho avuto la prova di questi fatti molte volte nella mia vita, nei rapporti con gli *Eroi Edipici*, il più delle volte quelli che venerano un ideale sociale, e che sono violentemente contro l'alcol e i composti che alterano la coscienza. Queste persone soffrono regolarmente di depressioni, sperimentano costanti inconvenienti nelle relazioni, e la maggior parte di loro si lamenta degli impulsi sessuali difficili da controllare. Quando suggerisco loro di andare una volta a guardare oltre il recinto del loro attivismo insensato, facendo un viaggio di scoperta, o usando l'Ayahuasca o facendo un vero lavoro spirituale sui loro corpi eterici, ottengo la risposta che sono invariabilmente 'contro l'esoterismo,' 'contro il new ageismo,' 'contro la droga' e 'contro il sognatore ad occhi aperti.'

Il finale -ismo appare più spesso nella loro dizione. Uno ha scritto della mia *Enciclopedia (Glossary)*, l'ha trovata abbastanza buona, ma non riusciva a capire il mio 'misticismo e spiritualismo,' come si esprimeva.

—Vedi https://ipublica.net/

Quando gli ho indicato il suo bisogno d'amore nelle sue relazioni, e ha affermato che l'amore dato era più spesso restituito, ha detto che non aveva senso per 'tanto amore.' E nelle mail successive si inventava le ragioni per cui l'amore non esiste e non potrà mai esistere con la razza umana, che l'amore non era altro che una 'idea religiosa' o un concetto intellettuale, e niente di reale.

Il più offensivo degli *Eroi Edipici*, a mio avviso, sono le spie. Ne ho scoperte alcune negli anelli del movimento pedofilo, e ciò che è tipico di loro è che vogliono apparire più pedofili che pedofili per attirare l'attenzione di chi è davvero pedofilo. Essi stessi, siano essi spie della polizia a tutti gli effetti, siano essi pedofili seminudi che non hanno le idee chiare sui loro sentimenti e su come possono affrontarli, sono costantemente alla ricerca di contatti con i pedofili, di solito attraverso forum online e mailing list, dove implorano la loro 'afflizione' e chiedono agli altri come affrontarla, o se il suicidio sia forse la soluzione migliore?

Quello che cercano veramente è l'amore e la comprensione. Vogliono essere amati e hanno scelto di mescolarsi con una delle minoranze più perseguitate per ottenere attenzione e consolazione del loro vuoto interiore e della loro più o meno totale ignoranza spirituale. Possono aver provato una volta un'attrazione per un ragazzino o una ragazzina, adolescente o bambino, e trarre da un singolo evento la conclusione di 'essere un pedofilo,' mentre altrimenti ignorano completamente ciò che questo significa e implica. Che è solo un'altra tipica abitudine che spesso assumono: saltare alle conclusioni con un pizzico di conoscenza, o nella totale ignoranza di ciò di cui stanno effettivamente parlando.

Il motivo è la *boomerite.* Prendono tutto ciò che trovano alla moda e fresco, sia qualcosa che gli altri disapprovano, se solo potessero fare la differenza assecondando e fingendo di essere questo-e-quello. Così facendo, per un certo periodo, riempiono il loro vuoto interiore; hanno qualcosa su cui spettegolare e farneticare.

Per quanto riguarda i fatti, mi sono ampiamente dilungato su ciò che è, e ciò che non è attrazione pedofila in altre pubblicazioni; il fatto di avere un'attrazione sessuale una volta, che e transitoria, per un bambino non implica in alcun modo che la persona sia pedofila e ancor meno che sia 'un(a) pedofilo(a).'

—Va notato che non esiste una definizione univoca e chiara della personalità del 'Pedofilo;' ci sono solo pedofili, e ognuno ha un diverso assetto psichico, come ogni eterosessuale o omosessuale. È uno dei più sordidi scoppi di polemica dei mass media suggerire che ci fosse qualcosa come una definizione unidimensionale di 'Il pedofilo' come un tipo di carattere distinto. Questo tipo di polemica porta direttamente all'eutanasia, ed è per questo che dovrebbe essere proibita dalla legge in una democrazia.

Ho chiarito in particolare che tutti noi abbiamo delle *pedoemozioni*, il che significa sentimenti d'amore per i bambini che possono o meno diventare sessualizzati.

Mentre le pedoemozioni sono universali, i pedofili sono speciali in quanto la loro attrazione sessuale si è cristallizzata in qualcosa di esclusivo; la loro attenzione emosessuale si concentra sui bambini, e qui ancora più particolarmente su una specifica fascia d'età e sesso dei bambini, non solo sui bambini come gruppo generico. L'attrazione pedofila non è casuale, ma specifica.

Uno dei soggetti moderni preferiti da *Eroi Edipici* è la pedofilia, o meglio ciò che proiettano su di essa. E non è meglio quando si tratta della loro presunta pedofilia, quando in realtà sono agganciati in una normalità superficiale e sono alla ricerca di una ragazza, di una giovane donna, ma non osano avvicinarsi ad essa, vili come sono. È interessante notare che Sigmund Freud deve aver conosciuto alcuni esemplari di questa annata, ma è stato volgare e poco scientifico quando ha generalizzato che la pedofilia maschile in generale non era altro che codardia nell'avvicinarsi a una femmina adulta. In questo senso generale, l'affermazione di Freud è un errore, ma per quanto riguarda questo specifico gruppo di *Eroi Edipici* che ho citato, è vero.

Gli *Eroi Edipici* portano spesso in pubblico la loro ferita narcisistica, come se si portasse un amuleto; questa è soprattutto oggi la pratica negli Stati Uniti e nel mondo dei media americani; il narcisismo, in quanto afflizione di moda di un'intera nazione, è diventato un segno di classe. Thomas Moore dice nel suo bestseller *Care of the Soul* che l'America ha un grande desiderio di essere il *Nuovo Mondo* delle opportunità e un faro morale per il mondo.

—Thomas Moore, Care of the Soul (1994), 62.

E inoltre:

Desidera soddisfare queste immagini narcisistiche di se stessa. Allo stesso tempo è doloroso rendersi conto della distanza tra la realtà e quell'immagine. Il narcisismo dell'America è forte. Lo si fa sfilare davanti al mondo. Se mettessimo la nazione sul divano, potremmo scoprire che il narcisismo è il suo sintomo più evidente. Eppure quel narcisismo ha la promessa che questo mito importante può trovare la sua strada nella vita. In altre parole, il narcisismo dell'America è il suo raffinato spirito puerile di autentica nuova visione. Il trucco è trovare una via verso quell'acqua di trasformazione in cui il duro auto-assorbimento si trasforma in un dialogo d'amore con il mondo. (Id. Traduzione mia.)

In un certo senso, i narcisisti soffrono non solo della loro fame emotiva e della loro mancanza di amore interiore, ma anche, e soprattutto, dell'amore e delle emozioni che cercano di attaccare, invalidare e far cadere negli altri. Questo genera una distruttività terribile che pagano con l'essere sempre più nichilisti e depressivi, più invecchiano. Di conseguenza, osserva Thomas Moore:

Il narcisismo non ha anima. Nel narcisismo togliamo la sostanza dell'anima, il suo peso e la sua importanza, e la riduciamo a un'eco dei nostri pensieri. L'anima non esiste. Noi diciamo. È solo il cervello che attraversa cambiamenti elettrici e chimici. Oppure è solo il comportamento. Oppure è solo memoria e condizionamento. (Id., 58-59. Traduzione mia.)

Gli autori di *The Mythic Journey* commentano che 'Le vite amorose infelici di molte icone pub-

bliche testimoniano questa vorace fame d'amore
che vuole sostituire ciò che mancava all'inizio della
vita—il senso di essere reali come se stessi.' In una
società che da tempo ha perso ogni nozione di cosa
sia veramente l'amore, perché ha ucciso l'amore,
non c'è da stupirsi che sia diventata una moda
speculare sull'amore sia stato solo un concetto, e
non c'era niente dietro, se non la retorica, e che ciò
che le religioni suppongono sia l'amore non lo sia.

Molti maschi nella nostra neopatriarchia postmoderna sensualmente priva di sensualità credono
che l'amore sia un mero concetto, una parola,
un'idea religiosa, o un biglietto d'auguri color rosa,
perché in realtà non hanno mai sperimentato come
si sente l'amore! Da bambini non erano amati, non
erano desiderati, perché avevano genitori impegnati, genitori interessati a fare soldi, alla scienza o
alle banche, ma non ai figli che procreavano. Ecco
quindi la loro enorme ferita narcisistica, mentre
crescevano in una vita che era fondamentalmente
sentita come fredda e ostile, come hanno sentito i
loro genitori essere eternamente distratti, quando
avevano davvero bisogno del loro calore, della loro
vicinanza, del loro tocco, dei loro baci, delle loro

carezze e accarezzature, del loro amore espresso dal corpo—e non da una bella verbosità. Molti di loro avevano probabilmente come genitori quei mostri pettegoli che le pubblicità americane dipingono sontuosamente come i genitori modello della nazione.

In realtà, questa annata ovviamente conia lo stampo per la massa di individui dalla mentalità superficiale e ostile al tatto, che soffrono del pregiudizio della cultura che presuppone che 'ogni tocco è in qualche modo sessuale.' Essi incarnano così il genitore americano politicamente corretto che tiene le mani al sicuro nelle sue tasche! *Noli me tangere!*

Penso che sarebbe un miracolo quando in una cultura di questo tipo una famiglia non è abitualmente violenta, non è schizofrenica, non è ostile al tatto, e dove un singolo bambino può crescere in una *sana e gioiosa autonomia* e fiducia in se stesso. Voglio vedere quel bambino! Lo si può cercare come il proverbiale ago nel fieno. Naturalmente il quadro collettivo di una società composta da una maggioranza di *Eroi Edipici*, mista di maschi e

femmine d'annata, non è il solito sano collettivo,
ma un manicomio.

82

# MIX POSTMODERNO

Le Origini della Violenza Sessuale

In quest'ultimo capitolo spiegherò come le saghe di *Edipo* e *Narciso* sono legate l'una all'altra, e come ciò abbia dato il gusto intrinseco alla cultura consumistica postmoderna di oggi, che chiamo *Cultura Edipica*, cultura eroica, cultura della paranoia, cultura dell'incesto, cultura dello stupro, cultura dell'omicidio o cultura dell'abuso.

In questa analisi mi concentrerò su come l'impulso violento arriva a rapire, penetrare sessualmente e uccidere bambini piccoli, e come è collegato sia alle fissazioni edipiche che narcisistiche che *giocano in sincronia,* il che, quindi, dà il particolare mix postmoderno di moralismo violento.

Questo problema non è mai stato compreso dalla psichiatria. Nel caso del killer tedesco di bambini Jürgen Bartsch, ancora oggi le autorità psichiatriche tedesche mostrano la teoria assurda secondo cui Bartsch sarebbe stato allo stesso tempo 'un pedofilo, un pederasta e un omosessuale.' Che è come dire che un cavolfiore è composto da un albero, una mela e una pera.

Finché la psicologia, la psichiatria e la sessuologia occidentale non riconosceranno il primato dell'eziologia emotiva nelle parafilie sessuali prima di saltare alla ricerca del colpevole nell'assetto sessuale della persona, non si capirà nulla qui, nemmeno in futuro.

Ho elaborato un approccio alla guarigione del sadismo sessuale che si concentra su una visione bioenergetica e che riconosce che in ogni attrazione sessuale la prima forza motivante è *emotiva*, e non sessuale in primo luogo.

—Vedi Peter Fritz Walter, Emotional Flow: A Holistic Approach to Healing Sadism (Essays on Law, Policy and Psychiatry, Vol. 3), 2018, e The Energy Nature of Human Emotions and Sexual Attraction: A Systemic Analysis of Emotional Identity in the Process of the Human Sexual Response, 2015/2017/2020.

È questa predilezione emotiva che in alcuni casi diventa sessualizzata, o carica di energia sessuale.

La guarigione dell'afflizione sadica, quindi, si ottiene riattivando il naturale flusso emotivo nell'organismo. Così, quando voglio capire il sadismo e il crimine sessuale violento che è una fuoriuscita di questo sadismo, devo concentrarmi *sull'assetto emotivo della persona,* e chiedere se le emozioni fluiscono, o se il flusso emotivo è bloccato.

Infatti, il sadismo può essere compreso solo quando si vede che le emozioni, come una condensazione di slancio vitale o forza vitale, fluiscono naturalmente nell'organismo sano, e cambiano in modo *caleidoscopico,* e che ogni blocco di questo flusso provoca uno sfogo violento perché l'energia si libera la strada verso la piena scarica. (Se quest'ultimo è anche proibito dal superego della persona, la persona non sarà un sadico, ma crescerà un cancro o lancerà una malattia cardiaca).

Mi svilupperò ulteriormente sulla falsariga della leggenda di *Narciso* e farò alcune domande. Secondo il mito, Narciso si innamorò della propria immagine di sé. Non è mai stato amato da nessuno, o perché ha provato un tale desiderio di innamorarsi, un desiderio così forte che, in assenza di un altro oggetto d'amore tangibile, ha scelto se stesso?

Fin dall'infanzia, la sua bellezza era stata ammirata da tutti. Narciso stesso, però, che non si è mai visto allo specchio, era ignaro della sua identità. Un giorno, quando camminava ai bordi di un lago che era un lago vergine, come nessun animale ne aveva mai bevuto, e nessun albero vi aveva mai immerso i suoi rami, e nessun essere umano l'aveva mai visto. Qui il giovane sentiva un'improvvisa stanchezza. Si sedette al lago e si chinò sull'acqua per bere. E, per la prima volta, vide il suo sosia. Innamorato di se stesso, dice il mito, trascorse ore nella malinconia e nel rimpianto di non essere mai riuscito a possedere la sorella gemella, che era la sua immagine di sé. Alla fine, conclude il racconto, Narciso non riuscì a sopportare l'agonia di questo amore impossibile e si conficcò un coltello nel cuore, scoppiando: 'Addio, bell'amore che non ha speranza.' E sul luogo dove il suo sangue è caduto a terra, crescevano narcisi bianchi che avevano il cuore rosso.

Questo per la leggenda.

A prima vista si potrebbe pensare che questa sia una storia di vanità. Ma in realtà la leggenda è la scoperta dell'identità. Cos'è l'identità? L'identità può essere definita operativamente, perché è molto difficile darle una definizione complessiva, così come è difficile definire l'amore. Funzionalmente parlando, l'identità è caratterizzata dal fatto che tutto ciò che possiamo scoprire in un altro, dobbiamo averlo scoperto prima in noi stessi.

E il risultato finale di questa scoperta di sé è l'identità. Ciò significa che non possiamo percepire le qualità dell'altro se, e fintantoché, ignoriamo le nostre. L'apparente egocentrismo di Narciso è veramente il primo passo, e necessario, nella sua scoperta di sé, che è catalizzata dalla scoperta del perché è amabile. *L'auto-amore è la condizione per la nostra capacità di amare gli altri.*

Questa intuizione psicologica deve essere messa in relazione con l'educazione e il rapporto del bambino con la madre. Non è un caso che nella leggenda la madre abbia preso ogni tipo di precauzione per evitare che il bambino si scoprisse allo specchio! Come la madre di Narciso sono madri che non hanno mai tempo e attenzione per il loro bambino. La madre è lo specchio dell'ego del bambino. L'ego può svilupparsi solo in un bambino la cui madre è capace e disposta a rispecchiare quell'ego. Una madre narcisista non può farlo. Per questo motivo i bambini che hanno madri narcisiste, chiamate anche madri streghe, non sanno chi sono e il loro sviluppo dell'ego è carente. Questo tipo di madri cercano nei loro figli quello che da piccoli cercavano nei loro genitori: cercano di rispecchiarsi nei loro figli, cambiando così i ruoli, e le regole, in modo da appesantire il bambino con una capacità che un bambino non può avere, cioè essere genitore per la propria madre. Questo fa sì che il bambino, in quanto adulto, abbia a sua volta un ego carente. Come è già evidente dopo questa breve spiegazione, il narcisismo è per definizione generazionale, davvero una maledizione familiare, per usare il vecchio termine, e qui è corretto, ma non per l'attaccamento edipico.

Il problema del narcisismo è particolarmente virulento con le madri single che hanno un figlio maschio single, e quando il padre del bambino è assente per sempre o per la maggior parte del tempo. Ecco allora che, in questa costellazione, come ho brevemente delineato in precedenza in questo studio, entra in scena il blocco edipico e si fa sentire.

Quando il ragazzo non riesce a identificarsi con il padre durante la fase edipica, il ragazzo sviluppa un'impiccagione edipica. Ciò significa che il ragazzo si aggrapperà alla madre in modo malsano e nevrotico, violando così il suo sviluppo emotivo e psicosessuale.

Nella leggenda, *Edipo* uccise suo padre e sposò sua madre. Tuttavia lo fece inconsciamente, perché ignorava i suoi genitori. La tragedia è stata scatenata dal padre, non dal figlio. Se diciamo che è stato il destino, e solo il destino, neghiamo in ultima istanza la responsabilità.

Una fissazione edipica diventa un problema per un ragazzino, soprattutto nel caso in cui la madre sia una casalinga, una donna che ha abbandonato ogni speranza di trovare un partner valido, e quindi proietta i suoi desideri erotici sul figlio. Questo può essere espresso in comportamenti eroticamente seducenti, ma nella maggior parte dei casi queste donne sono in realtà bloccate eroticamente a livello cosciente.

Il problema è che il ragazzo non esce di casa alla ricerca di un partner e che le costanti richieste emotive della madre lo intrappolano in una relazione di coppia pseudo-incestuosa e *codipendente*, dove diventa il surrogato del partner che la madre si nega di trovare.

Il fatto che tale rapporto rimanga platonico è insignificante rispetto all'impossibilità per il ragazzo di costruire una vera e propria *autonomia*. In questa costellazione, ciò che accade è che la ricerca dell'autonomia del ragazzo o si trova di fronte a esplicite richieste della madre di starle vicino, o è accusato di colpa e di una crescente razionalizzazione della situazione che sarà espressa dal ragazzo nel desiderio di 'proteggere' la madre, di salvare la madre da qualsiasi danno che ha subito in precedenza con gli uomini.

Tipicamente in questa situazione di ingarbugliamento, la madre racconta al figlio in tutta la sua lunghezza e larghezza le disgrazie che ha sofferto nella sua vita amorosa, invocando in lui un giudizio autolesionista su se stessa, sulla propria mascolinità. Questo giudizio negativo del maschio può essere espresso in modo grossolano nello slogan 'tutti gli uomini sono dei porci.'

Nel mio caso di codipendenza con mia madre, tutto ciò è stato ulteriormente aggravato dal fatto che mia madre mi ha messo in case di accoglienza dove sono stato crudelmente maltrattato, senza preoccuparsi troppo della violenza che mi veniva inflitta quotidianamente. Questo ha portato a una contraddizione particolarmente forte tra la vita che conducevo durante la settimana, in casa di accoglienza, e la vita che avrei dovuto vivere con lei, durante il fine settimana; le ha dato una base per giustificare la sua *iperprotettività*, e la filosofia della 'casa dolce casa' che girava intorno ad essa.

Dovevo essere *ricompensato*, ha ragionato, per la 'cattiva casa' nel passare un 'bel fine settimana' con lei e lei, come sempre, sarebbe stata 'molto generosa' con me, ed è stata questa cosiddetta 'generosità' che mi ha sempre trasmesso come scudo in situazioni di conflitto, quando volevo cioè una maggiore autonomia.

Naturalmente *non ero inconsapevole* di questo sordido intreccio, e qui mi sono certamente differenziato dagli altri giovani per il fatto di esserne talmente consapevole da desiderare attivamente di uscirne e da pensare ripetutamente di scappare di casa. Spesso ero furioso con mia madre e avevo un forte senso dell'ingiustizia che mi stava facendo, ma non potevo esprimere questa rabbia se non pensando a me stesso come un cattivo ragazzo.

Più tardi nella vita, quando ero già sposato, in realtà non tanto più tardi, perché ho sposato presto, rimproverai mia madre di avermi protetto in modo eccessivo per tenermi lontano dalla vita, invalidando così la mia lotta per l'autonomia e la mia ricerca di fare esperienze d'amore con le ragazze fuori casa e dalla scuola. La sua risposta, in quella e in altre situazioni molto simili, fu quella di attaccarmi ferocemente come un nerd ingrato che era 'proprio come suo padre e i suoi zii,' mentre lei si era 'sacrificata per sempre' affinché io potessi avere una vita decente, perché se fossi stato sotto la tutela di mio padre, avrei 'corso per le strade per trovare da mangiare.' Che si è pentita delle brutte esperienze che ho fatto nelle case, ma che è sempre stata 'molto più generosa di qualsiasi altro genitore,' per avermi compensato un po' del dolore sofferto in quelle case di accoglienza.

Quando le ho chiesto, a diciotto anni, di studiare a Parigi, mi ha risposto che non avrebbe finanziato il mio 'interesse per il lusso' e che se volevo studiare lì, avrei dovuto 'trovare i miei soldi per strada.' Sono rimasto a studiare nella mia città natale. Allo stesso modo per la materia da studiare. Preferivo diventare insegnante di musica o ingegnere di registrazione di musica classica, ma lei insisteva che la giurisprudenza era la migliore per me da studiare. Mi sono arreso mentre sapevo di avere una passione per la musica e per i bambini, e che avrei dovuto farmi strada a forza di legge. Cosa che ho fatto per i successivi vent'anni.

Di solito, l'abuso emotivo non implica un'interazione sessuale tra genitore e figlio. Al contrario, la madre evita accuratamente di toccare il bambino, ed è proprio questa negazione del tatto più di ogni altra cosa che fa suonare il campanello d'allarme nell'inconscio del bambino. Perché mia madre non mi tocca mai, ragiona? E giustamente. Perché queste madri non toccano mai i loro figli, lo chiedo di nuovo, perché la risposta è nella domanda? L'abuso emotivo è così radicato nella cultura patriarcale, e il ruolo dell'*Eroe Edipo* che salva la madre è così comune nella nostra cultura che la maggior parte delle persone non riflette mai nemmeno una volta sulla perversità di una tale costellazione familiare!

La facilità di contatto con il corpo non è qualcosa di favorito in questo tipo di ambiente; al contrario. È qualcosa di incoraggiato in famiglie sane, dove i genitori hanno un amore funzionale e una vita sessuale. È il conflitto tra il mai parlato e il represso, e la prudenza che deriva da questa repressione, da un lato, e la possessività aperta o implicita del genitore *simbiotologo*, dall'altro, che scatena nel bambino una risposta sessuale inconscia per il genitore. La verità scomoda per la maggior parte delle persone è che se l'incesto fosse stato praticato sessualmente, la tensione psichica alla radice della codipendenza non si sarebbe attenuata e non ne sarebbe derivata alcuna fissazione edipica.

Gli uomini hanno dato testimonianze aperte in televisione tedesca che hanno avuto rapporti sessuali consenzienti con le loro madri, e il risultato sorprendente è stato che hanno avuto la vita sessuale più appagante con le donne adulte più tardi nella vita; spesso in queste costellazioni la futura moglie avrà un ottimo rapporto con la prima donna di cui il ragazzo ha goduto sessualmente, sua madre. È l'incesto emotivo, non l'incesto sessuale, che crea davvero il caos nella psiche di un ragazzo perché la sua identità biologica maschile è gravemente compromessa dall'esclusività del suo rapporto con la madre; e il senso di colpa e la vergogna ne sono il risultato perché il ragazzo sa che dovrebbe piuttosto guardarsi intorno per una ragazza della sua età o anche una donna più grande, e che è il momento di lasciarsi la madre e il nido alle spalle.

Vedo in questo atteggiamento sgraziato delle madri narcisiste verso i loro figli il vero nucleo del problema dell'abuso emotivo perché crea una flagrante contraddizione. Quando il ragazzo vuole uscire a cercare amici o una fidanzata, la madre tenderà a tenerlo lontano dalla vita, sostenendo che era ancora 'troppo giovane e inesperto' per andare da solo, che ci sono pericoli coinvolti in una tale ricerca, o estranei perversi in attesa di portarlo dietro l'angolo. Ma quando si tratta di prendersi cura della madre perché è malata, depressa o ha avuto una brutta giornata, allora il ragazzo è grande abbastanza per suonare il gigolo, e per stare vicino alla madre, e ai suoi piedi per qualsiasi servizio di cui possa aver bisogno, e il ragazzo è grande abbastanza per capire quando la madre parla del suo passato e delle sue 'brutte esperienze con gli uomini.' Questa contraddizione crea rabbia nel ragazzo perché vede che la madre lo usa solo per i suoi scopi e fa giochi di potere con lui.

Da un punto di vista bioenergetico, va visto che il conflitto edipico è traumatico per il bambino a causa della negazione dell'appagamento sessuale che implica, mentre suscita nel bambino tanto desiderio. È una vera tortura per il bambino, un vero trauma, ed è stato ammesso dalla psicoanalista *Françoise Dolto (1908-1988)* che nella maggior parte dei casi i bambini perdono la memoria pre-edipica, il che non fa che confermare la mia ipotesi che il costrutto edipico nella cultura occidentale porta un *vero trauma* al bambino in quanto provoca amnesia. Nel suo libro *La Cause des Enfants (1985)*, Dolto scrive al 29-30 (Traduzione mia):

> La memoria negli adulti cancella tutto ciò che appartiene al periodo pre-edipico. Ecco perché la nostra società ha così tante difficoltà ad accettare la sessualità infantile. Nei secoli passati c'erano le infermiere che lo sapevano. I genitori, però, la ignoravano.

Freud ha scoperto che l'amnesia, la perdita di memoria successiva alla situazione traumatica, è nella maggior parte dei casi l'indicatore del trauma che si è verificato. Quindi, concludeva Freud, quando troviamo l'amnesia infantile in un paziente, questo può essere preso come prova diretta per affermare l'eziologia del trauma per quella situazione in questione. Questo è, a mio avviso, il motivo della forte aggressività nei confronti del genitore dello stesso sesso, nella situazione edipica. È una reazione viscerale del biosistema che deriva dalla privazione sensuale e sessuale e che è causata dall'esclusività del rapporto genitore-figlio in generale, e dal divieto parentale e sociale di avere rapporti sessuali con i coetanei, in particolare.

I bambini hanno bisogno e vogliono una vita sessuale, proprio come gli adulti, mentre gli atti sessuali che i bambini compiono o tentano di compiere possono essere di natura meno completa, ma questa differenza non altera l'importanza psi-cosessuale della sessualità infantile.

Quando, come nella nostra cultura, ai bambini è proibito intrattenere rapporti sessuali espliciti e sani tra pari, o rapporti con adulti diversi dai loro genitori, saranno intrappolati, volenti o nolenti, in un'attrazione *gerontofila* verso i loro genitori.

Questa impostazione culturale, ovviamente contraria alla natura, si traduce in un *rapporto tri-angolare* tra genitori e uno o due figli, tipico della moderna famiglia urbana. In questo rapporto fortemente esclusivo e triangolare, il bambino è costretto ad un ambiguo rapporto di amore-odio con i genitori; ciò che alimenta l'aggressività del bambino verso il genitore dello stesso sesso non è, come supponeva Freud, una situazione di rivalità per il singolo partner sessuale disponibile, spesso coniato colloquialmente come 'due uomini desiderano una donna' o 'due ragazze desiderano un uomo,' ma più in generale una rabbia per esser-si visti negare il vasto regno dei potenziali partner sessuali di pari o diversa età, al di fuori della famiglia! E l'aggressività, quindi, del bambino non è diretta esclusivamente contro il genitore dello stesso sesso, ma *contro entrambi i genitori*, mentre va notato che l'organismo del bambino non permetterà al bambino di prendere coscienza di questa rabbia per meri motivi di sopravvivenza. L'apparato cognitivo del bambino si costruirà in un fattore di giustificazione che porta al ragionamento del bambino sulla linea del :

*—Beh, io dovrei amare i miei genitori, ed essere amato esclusivamente dai miei genitori, perché la società non mi permette di amare le altre persone, e non permette alle altre persone di amarmi allo stesso modo in cui i miei genitori mi amano. La società dice che è pericoloso per me, perché le altre persone potrebbero volermi rapire e uccidere perché non possono amarmi allo stesso modo puro dei miei genitori.*

Qui è dove l'intero sistema di menzogne e tradimenti inizia a distorcere la percezione e la comprensione cognitiva dell'amore da parte del bambino consumatore, in questo pregiudizio che la società mette in atto, e che alimenta fortemente attraverso il suo abissale e violento dibattito antipedofilia! E ciò a cui porta è che, poiché i bambini non possono per ragioni di sopravvivenza esprimere la rabbia contro i loro genitori e la società, rivolgeranno questa rabbia contro se stessi, e diventeranno narcisisti e autodistruttivi, se non schizofrenici!

Anche i bambini che non sviluppano una patologia rimarranno con forti sensi di colpa, spesso per tutta la vita, per quanto riguarda la sessualità e tutte le forme di amore erotico.

Credo che il ragionamento di Freud qui sia vero nella misura in cui quando il genitore del sesso opposto è presente, il bambino può proiettare su di lui una parte dell'aggressività. Ma qui, contrariamente a Freud, presumo che, per ragioni di sopravvivenza, questo atto di aggressività nei confronti del genitore dello stesso sesso, per esempio attraverso un discorso diretto, o colpendo il genitore, sia un'azione talmente pericolosa per un bambino che questo sarà fatto solo quando potrà essere sicuro del sostegno e dell'amore incondizionato del genitore del sesso opposto. Questa è una situazione precaria per un bambino in qualsiasi tipo di famiglia, e credo che in generale il ragionamento di Freud sia stato abbastanza teorico. Come regola generale, i bambini si mantengono fedeli al rispetto dei loro genitori anche fino a un punto di abnegazione, tranne una minoranza di bambini che si incarnano con un ego e un carattere molto forte. Ho effettivamente osservato che il numero di bambini di quest'ultima annata sta crescendo negli ultimi decenni, ma allo stesso tempo la situazione del bambino nella cultura del consumo è diventata sempre più dura, e alienante, al punto che i bambini sono oggi tanto sotto il controllo e la supervisione dello Stato quanto le armi nucleari, le ambasciate straniere, il materiale top secret e le spie.

Questa è una potenziale radice per più violenza domestica, perché rinchiudere i bambini in case e scuole che funzionano più o meno come le prigioni non è quello che uno Stato che si prende cura di loro e che ama i propri figli cittadini. Qui ci troviamo di fronte a una *patologia sociale e politica* importante, se riusciamo ad affrontarla.

Secondo la mia esperienza, la maggior parte delle persone nella cultura occidentale accecano questi fatti semplicemente per la loro interfaccia di coscienza, e questo a causa della pura e semplice paura delle conseguenze di qualsiasi azione vitale contraria.

Il pregiudizio culturale di Freud è noto e non avrò bisogno di scrivere pagine su questo, perché non solo è stato analizzato nelle biografie moderne e nella recente letteratura psicoanalitica, ma è stato il vero motivo dello scontro tra Freud e Reich, Freud e Jung, Freud e Adler, Freud e Rank, Freud e Klein, e Freud e Fromm.

Gli scontri erano ovviamente tinti personalmente, e in ogni caso c'era un dramma personale dietro le quinte.

Ciò che è significativo, tuttavia, e comune a tutti questi rapporti profondi è che nessuno di essi è stato risolto pacificamente; questo è già un accenno alla natura indisciplinata dell'autoritarismo di Freud. E il materiale parla da sé, perché abbiamo davvero una grande quantità di prove.

Lo scontro tra Reich e Freud è stato particolarmente rivelatore, e il pregiudizio culturale di Freud, per una volta, è stato esplicito e coniato nel motto 'la cultura deve prevalere.' Freud respingeva l'attivismo di Reich per i diritti sessuali dei bambini, nonostante fosse lui stesso, per la prima volta nella storia sociale occidentale, a dichiarare apertamente che il bambino umano è sessuale fin dalla nascita. Freud fece ragionare Reich con l'argomento che la professione psichiatrica doveva accettare l'assetto di base della società, compresa la negazione dei diritti sessuali del bambino, e che lo psichiatra e lo psicoanalista doveva curare le malformazioni psichiche derivanti dalla distorsione culturale della funzione sessuale naturale, ma non di più. In altre parole, dovevano astenersi da qualsiasi attivismo sociale, perché altrimenti, come pensava Freud, la società sarebbe stata gettata nel caos.

La situazione edipica, come conio in un solo termine l'insieme delle privazioni emotive, tattili, sensuali e sessuali del bambino nella moderna cultura del consumo, è un *vero trauma*. Crea scompiglio nella psiche del bambino e uno dei risultati indesiderati di questa patologia è che porta a un *legame tra desiderio sessuale, rabbia aggressiva e paura*, che può portare a deviazioni sessuali più tardi nella vita. Tipico di queste deviazioni è che la persona può scaricare sessualmente solo se vengono inflitti atti di sadismo al compagno o, al contrario, la sofferenza masochistica degli atti di sadismo viene vissuta durante il gioco dell'accoppiamento.

Quando i maschi adulti proiettano la loro inconscia imago edipica madre sulle bambine, possono provare per loro un'attrazione emotiva e sessuale, ma a volte possono anche provare la stessa rabbia che provavano verso le loro madri, ma che hanno represso. Questa rabbia repressa, quindi, può diventare sessualmente carica. Questo può portare o meno, a seconda del livello di coscienza della persona, a un impulso violento a punire le bambine picchiandole e/o costringendole a rapporti orali, anali o vaginali o rapendole a questo scopo. Da tempo è stato stabilito dalla psichiatria che questi stimoli, che siano o non siano stati attuati, hanno origine in un complesso edipico irrisolto.

La persona avrà un maggiore controllo di questa afflizione se non la combatte, ma cerca di capire il suo comportamento e la sua confusione emotiva. E qui vediamo di nuovo la differenza di comportamento tra il vero eroe e l'*Eroe Edipo*.

Il vero eroe riconoscerà innanzitutto il desiderio, sia che sia difficile da accettare, sia che sia difficile conviverci e affrontarlo, anche se il desiderio è così virulento che non potrà mai essere realizzato senza ferire e danneggiare il bambino fisicamente o emotivamente.

Questo, per dirlo, non è il caso di una pura attrazione sessuale, come in quel caso si può trovare nella maggior parte delle circostanze un modo per abreagire sessualmente senza una vera e propria penetrazione, ma solo nel caso aggravante che il desiderio è carico di violenza in modo tale che la penetrazione è necessaria per uscire, e ancora peggio, che il bambino deve essere picchiato, fatto soffrire e piangere e dare segni di esprimere il dolore, tipicamente urlando, per il sadico di essere in grado di scaricare orgasmicamente. Va da sé che per qualsiasi bambino, qualunque sia la sua età, e anche per un adulto, quest'ultima esperienza non è particolarmente piacevole, mentre un tenero incontro sessuale con un adulto senza penetrazione può andare d'accordo con un bambino, anche un ragazzo o una ragazza del tutto innocente, se solo non c'è dolore, non c'è violenza e non c'è minaccia, e soprattutto non c'è coercizione.

Il problema è che la maggior parte degli *Eroi Edipici* in un modo o nell'altro soffrono di sadismo sessuale, come semplice risultato della rabbia che hanno represso quando hanno voluto ripetutamente costruire l'autonomia e sono stati trattenuti dalle loro madri possessive e narcisiste.

Mentre la società ha sviluppato negli ultimi anni un atteggiamento piuttosto permissivo nei confronti del *sadomasochismo* quando si verifica tra adulti consenzienti, questa forma di sessualità rimane altamente problematica quando un adulto intrappola un bambino nella sua afflizione sadica, e forse aspettandosi che il bambino sia masochista 'per natura' per giustificare l'offesa.

Qualunque cosa si possa pensare a questo proposito, non si può negare che la nostra società deve mostrare maggiore responsabilità nell'elaborazione di future politiche sociali e legali per *prevenire la violenza sessuale contro i bambini*. La situazione attuale non è soddisfacente, poiché si concentra solo sull'applicazione di punizioni penali, che non è mai stata una politica sociale efficace; si può cominciare a guardare come la situazione dell'*Eroe Edipo* potrebbe essere cognitivamente colta e compresa, e come risultato di queste intuizioni, si potrebbero sviluppare metodi per aiutare gli uomini afflitti a crescere al di là della loro fissazione.

In questo sforzo, un obiettivo dovrebbe certamente essere quello di aiutare l'individuo ad accettare di essere amato, di essere toccato, di essere baciato e accarezzato, di iniziare a contemplare se stesso in uno specchio mentre prova sentimenti di potere, di amore per se stesso, di ammirazione e di sana autostima.

Un elemento importante della terapia sarebbe quello di sciogliere l'armatura muscolare e caratterologica, e questo suggerendo alla persona di sperimentare il rapporto sessuale con una giovane donna in modo amorevole e tenero, mentre l'attenzione dovrebbe essere focalizzata sul godersi *il flusso di energia calda e fondente* che scorre attraverso il corpo, una volta che l'armatura è stata sciolta.

La mia ricerca ha dimostrato che nessuna coercizione può aiutare il sadismo sessuale, ma solo la tolleranza, e ancora una volta la tolleranza, e l'insegnamento alla persona di essere effettivamente tollerante con se stessa. Tolleranza significa prima di tutto pazienza, perché ogni progresso sarà incrementale, e piuttosto lento all'inizio. Con lo scioglimento dell'armatura del personaggio, l'intero sistema di credenze dell'*Eroe Edipo* cadrà a poco a poco in cenere, e quando la mente sarà allargata, il corpo diminuirà di dimensioni, per una questione di proporzionalità inversa.

Intendo dire che qualsiasi modello di ossessivo body-building, obesità, bere pesantemente o fumare a catena scomparirà da solo, una volta che l'armatura inizierà a cadere a pezzi. D'altra parte, io non sono negli anelli di coloro che credono che curare i sintomi faccia il suo lavoro, ed è per questo che sono fermamente contrario a qualsiasi tipo di soluzione rapida in questo senso. Solo un approccio olistico, e dentro e fuori può fare.

Il sadismo non è facile da curare, e secondo la psichiatria tradizionale i pedofili sadici, gli stupratori e gli assassini sono ancora oggi dichiarati incurabili!

# POSTFAZIONE

Sommario

Questo mi porta a chiudere questo libro con una prospettiva di speranza; non è stato scritto con l'intenzione di dare la colpa a un certo gruppo di persone, o di dare la colpa a qualsiasi comportamento che si indulge, anche se si impegna in modo compulsivo.

Il mio intento per la stesura di questo opuscolo era quello di sensibilizzare la cultura internazionale postmoderna a un complesso di fenomeni che sono chiaramente in aumento a causa di vari fattori inerenti alla moderna cultura del consumo, uno di questi è una malsana esclusività nel rapporto genitore-figlio, un altro è il rovesciamento della tradizionale famiglia allargata, un altro ancora l'accorciamento o il totale abbandono dell'allattamento al seno, un altro ancora la dilagante privazione tattile, sensuale e sessuale dei neonati e dei bambini e la diminuzione dei periodi di allattamento al seno, e un altro ancora l'ascesa della famiglia mono-parentale a causa dei tassi di divorzio dilaganti in tutte le principali aree urbane del mondo.

Mi auguro che questo tema invochi un maggiore interesse scientifico per esplorare le possibilità di aiutare le persone con un'afflizione edipica, narcisistica e sadica ad affrontare efficacemente i loro problemi, poiché questo si rivelerà il modo migliore per ridurre i crimini sessuali violenti contro i bambini, in qualsiasi parte del mondo.

Spero soprattutto che alla fine la tendenza fatalistica della psichiatria forense tradizionale ceda il passo a una riflessione più profonda sulle reali possibilità che esistono ora nella nostra società e che esistevano nelle società tribali da millenni per la guarigione del sadismo sessuale e non sessuale.

—See Peter Fritz Walter, Emotional Flow: A Holistic Approach to Healing Sadism (Essays on Law, Policy and Psychiatry, Vol. 4), 2017.

Tutte le fissazioni sessuali sono il risultato di un blocco emotivo, e possono essere guarite attraverso vari metodi che animano il flusso emotivo e aiutano la persona ad aumentare il suo potenziale energetico vitale, superando così l'impasse emotiva.

# BIBLIOGRAFIA

Bibliografia Contestuale


## ARIÈS, PHILIPPE

*Centuries of Childhood*
NEW YORK: VINTAGE BOOKS, 1962

## ARNTZ, WILLIAM & CHASSE, BETSY

*What the Bleep Do We Know*
20TH CENTURY FOX, 2005 (DVD)

*Down The Rabbit Hole Quantum Edition*
20TH CENTURY FOX, 2006 (3 DVD SET)

## COVITZ, JOEL

*Emotional Child Abuse*
THE FAMILY CURSE
BOSTON: SIGO PRESS, 1986

## DeMause, Lloyd

*The History of Childhood*
New York, 1974

*Foundations of Psychohistory*
New York: Creative Roots, 1982

## Diamond, Stephen A., May, Rollo

*Anger, Madness, and the Daimonic*
The Psychological Genesis of Violence, Evil and Creativity
New York: State University of New York Press, 1999

## DiCarlo, Russell E. (Ed.)

*Towards A New World View*
Conversations at the Leading Edge
Erie, PA: Epic Publishing, 1996

## Dolto, Françoise

*La Cause des Enfants*
Paris: Laffont, 1985

*Psychanalyse et Pédiatrie*
Paris: Seuil, 1971

*Séminaire de Psychanalyse d'Enfants, 1*
Paris: Seuil, 1982

*Séminaire de Psychanalyse d'Enfants, 2*
PARIS: SEUIL, 1985

*Séminaire de Psychanalyse d'Enfants, 3*
PARIS: SEUIL, 1988

*L'évangile au risque de la psychanalyse*
PARIS: SEUIL, 1980


## EISLER, RIANE

*The Chalice and the Blade*
OUR HISTORY, OUR FUTURE
SAN FRANCISCO: HARPER & ROW, 1995

*Sacred Pleasure: Sex, Myth and the Politics of the Body*
NEW PATHS TO POWER AND LOVE
SAN FRANCISCO: HARPER & ROW, 1996

*The Partnership Way*
NEW TOOLS FOR LIVING AND LEARNING
WITH DAVID LOYE
BRANDON, VT: HOLISTIC EDUCATION PRESS, 1998

*The Real Wealth of Nations*
CREATING A CARING ECONOMICS
SAN FRANCISCO: BERRETT-KOEHLER PUBLISHERS, 2008


## ELLIS, HAVELOCK

*Sexual Inversion*
REPUBLISHED
NEW YORK: UNIVERSITY PRESS OF THE PACIFIC, 2001
ORIGINALLY PUBLISHED IN 1897

*The Sexual Impulse in Women*
REPUBLISHED
NEW YORK: UNIVERSITY PRESS OF THE PACIFIC, 2001
ORIGINALLY PUBLISHED IN 1903

*The Dance of Life*
NEW YORK: GREENWOOD PRESS REPRINT EDITION, 1973
ORIGINALLY PUBLISHED IN 1923

## ELWIN, V.

*The Muria and their Ghotul*
BOMBAY: OXFORD UNIVERSITY PRESS, 1947

## ERICKSON, MILTON H.

*My Voice Will Go With You*
THE TEACHING TALES OF MILTON H. ERICKSON
BY SIDNEY ROSEN (ED.)
NEW YORK: NORTON & CO., 1991

*Complete Works 1.0, CD-ROM*
NEW YORK: MILTON H. ERICKSON FOUNDATION, 2001

## FREUD, SIGMUND

*The Interpretation of Dreams*
NEW YORK: AVON, REISSUE EDITION, 1980
AND IN: THE STANDARD EDITION OF THE COMPLETE PSYCHOLOGICAL
WORKS OF SIGMUND FREUD , (24 VOLUMES) ED. BY JAMES STRACHEY
NEW YORK: W. W. NORTON & COMPANY, 1976

*Totem and Taboo*
NEW YORK: ROUTLEDGE, 1999
ORIGINALLY PUBLISHED IN 1913

# FROMM, ERICH

*The Anatomy of Human Destructiveness*
NEW YORK: OWL BOOK, 1992
ORIGINALLY PUBLISHED IN 1973

*Escape from Freedom*
NEW YORK: OWL BOOKS, 1994
ORIGINALLY PUBLISHED IN 1941
TO HAVE OR TO BE
NEW YORK: CONTINUUM INTERNATIONAL PUBLISHING, 1996
ORIGINALLY PUBLISHED IN 1976

*The Art of Loving*
NEW YORK: HARPERPERENNIAL, 2000
ORIGINALLY PUBLISHED IN 1956

# GOLEMAN, DANIEL

*Emotional Intelligence*
NEW YORK, BANTAM BOOKS, 1995

# GORDON, ROSEMARY

*Pedophilia: Normal and Abnormal*
IN: KRAEMER, THE FORBIDDEN LOVE
LONDON, 1976

## GOSWAMI, AMIT

*The Self-Aware Universe*
HOW CONSCIOUSNESS CREATES THE MATERIAL WORLD
NEW YORK: TARCHER/PUTNAM, 1995

## GROTH, A. NICHOLAS

*Men Who Rape*
THE PSYCHOLOGY OF THE OFFENDER
NEW YORK: PERSEUS PUBLISHING, 1980

## HAMEROFF, NEWBERG, WOOLF, BIERMAN

*Consciousness*
20 SCIENTISTS INTERVIEWED
DIRECTOR: GREGORY ALSBURY
5 DVD BOX SET, 540 MIN.
NEW YORK: ALSBURY FILMS, 2003

## JAMES, WILLIAM

*Writings 1902-1910*
THE VARIETIES OF RELIGIOUS EXPERIENCE / PRAGMATISM / A PLURALISTIC UNIVERSE / THE MEANING OF TRUTH / SOME PROBLEMS OF PHILOSOPHY / ESSAYS
NEW YORK: LIBRARY OF AMERICA, 1988

# JUNG, CARL GUSTAV

*Archetypes of the Collective Unconscious*
IN: THE BASIC WRITINGS OF C.G. JUNG
NEW YORK: THE MODERN LIBRARY, 1959, 358-407

*Collected Works*
NEW YORK, 1959

*On the Nature of the Psyche*
IN: THE BASIC WRITINGS OF C.G. JUNG
NEW YORK: THE MODERN LIBRARY, 1959, 47-133

*Psychological Types*
COLLECTED WRITINGS, VOL. 6
PRINCETON: PRINCETON UNIVERSITY PRESS, 1971

*Psychology and Religion*
IN: THE BASIC WRITINGS OF C.G. JUNG
NEW YORK: THE MODERN LIBRARY, 1959, 582-655

*Religious and Psychological Problems of Alchemy*
IN: THE BASIC WRITINGS OF C.G. JUNG
NEW YORK: THE MODERN LIBRARY, 1959, 537-581

*The Basic Writings of C.G. Jung*
NEW YORK: THE MODERN LIBRARY, 1959

*The Development of Personality*
COLLECTED WRITINGS, VOL. 17
PRINCETON: PRINCETON UNIVERSITY PRESS, 1954

*The Meaning and Significance of Dreams*
BOSTON: SIGO PRESS, 1991

*The Myth of the Divine Child*
IN: ESSAYS ON A SCIENCE OF MYTHOLOGY
PRINCETON, N.J.: PRINCETON UNIVERSITY PRESS BOLLINGEN
SERIES XXII, 1969. (WITH KARL KERENYI)

---

*Two Essays on Analytical Psychology*
COLLECTED WRITINGS, VOL. 7
PRINCETON: PRINCETON UNIVERSITY PRESS, 1972
FIRST PUBLISHED BY ROUTLEDGE & KEGAN PAUL, LTD., 1953

## KLEIN, MELANIE

---

*Love, Guilt and Reparation, and Other Works 1921-1945*
NEW YORK: FREE PRESS, 1984
(REISSUE EDITION)

*Envy and Gratitude and Other Works 1946-1963*
NEW YORK: FREE PRESS, 2002
(REISSUE EDITION)

## KOESTLER, ARTHUR

---

*The Act of Creation*
NEW YORK: PENGUIN ARKANA, 1989.
ORIGINALLY PUBLISHED IN 1964

## KRISHNAMURTI, J.

---

*Freedom From The Known*
SAN FRANCISCO: HARPER & ROW, 1969

*The First and Last Freedom*
SAN FRANCISCO: HARPER & ROW, 1975

*Education and the Significance of Life*
LONDON: VICTOR GOLLANCZ, 1978

*Commentaries on Living*
FIRST SERIES
LONDON: VICTOR GOLLANCZ, 1985

*Commentaries on Living*
SECOND SERIES
LONDON: VICTOR GOLLANCZ, 1986

*Krishnamurti's Journal*
LONDON: VICTOR GOLLANCZ, 1987

*Krishnamurti's Notebook*
LONDON: VICTOR GOLLANCZ, 1986

*Beyond Violence*
LONDON: VICTOR GOLLANCZ, 1985

*Beginnings of Learning*
NEW YORK: PENGUIN, 1986

*The Penguin Krishnamurti Reader*
NEW YORK: PENGUIN, 1987

*On God*
SAN FRANCISCO: HARPER & ROW, 1992

*On Fear*
SAN FRANCISCO: HARPER & ROW, 1995

*The Essential Krishnamurti*
SAN FRANCISCO: HARPER & ROW, 1996

*The Ending of Time*
WITH DR. DAVID BOHM
SAN FRANCISCO: HARPER & ROW, 1985

## LAING, RONALD DAVID

*Divided Self*
NEW YORK: VIKING PRESS, 1991

*R.D. Laing and the Paths of Anti-Psychiatry*
ED., BY Z. KOTOWICZ
LONDON: ROUTLEDGE, 1997

*The Politics of Experience*
NEW YORK: PANTHEON, 1983

## LIEDLOFF, JEAN

*Continuum Concept*
IN SEARCH OF HAPPINESS LOST
NEW YORK: PERSEUS BOOKS, 1986
FIRST PUBLISHED IN 1977

## LOWEN, ALEXANDER

*Bioenergetics*
NEW YORK: COWARD, MCGOEGHAM 1975

*Depression and the Body*
THE BIOLOGICAL BASIS OF FAITH AND REALITY
NEW YORK: PENGUIN, 1992

*Fear of Life*
NEW YORK: BIOENERGETIC PRESS, 2003

*Honoring the Body*
THE AUTOBIOGRAPHY OF ALEXANDER LOWEN
NEW YORK: BIOENERGETIC PRESS, 2004

*Joy*
THE SURRENDER TO THE BODY AND TO LIFE
NEW YORK: PENGUIN, 1995

*Love and Orgasm*
NEW YORK: MACMILLAN, 1965

*Love, Sex and Your Heart*
NEW YORK: BIOENERGETICS PRESS, 2004

*Narcissism: Denial of the True Self*
NEW YORK: MACMILLAN, COLLIER BOOKS, 1983

*Pleasure: A Creative Approach to Life*
NEW YORK: BIOENERGETICS PRESS, 2004
FIRST PUBLISHED IN 1970

*The Language of the Body*
PHYSICAL DYNAMICS OF CHARACTER STRUCTURE
NEW YORK: BIOENERGETICS PRESS, 2006


# MILLER, ALICE


*Four Your Own Good*
HIDDEN CRUELTY IN CHILD-REARING AND THE ROOTS OF VIOLENCE
NEW YORK: FARRAR, STRAUS & GIROUX, 1983

*Pictures of a Childhood*
NEW YORK: FARRAR, STRAUS & GIROUX, 1986

*The Drama of the Gifted Child*
IN SEARCH FOR THE TRUE SELF
TRANSLATED BY RUTH WARD
NEW YORK: BASIC BOOKS, 1996

*Thou Shalt Not Be Aware*
SOCIETY'S BETRAYAL OF THE CHILD
NEW YORK: NOONDAY, 1998

*The Political Consequences of Child Abuse*
IN: THE JOURNAL OF PSYCHOHISTORY 26, 2 (FALL 1998)


# MOORE, THOMAS

*Care of the Soul*
A GUIDE FOR CULTIVATING DEPTH AND SACREDNESS IN EVERYDAY LIFE
NEW YORK: HARPER & COLLINS, 1994


# REICH, WILHELM

*Children of the Future*
ON THE PREVENTION OF SEXUAL PATHOLOGY
NEW YORK: FARRAR, STRAUS & GIROUX, 1983
FIRST PUBLISHED IN 1950

*CORE (Cosmic Orgone Engineering)*
PART I, SPACE SHIPS, DOR AND DROUGHT
©1984, ORGONE INSTITUTE PRESS
XEROX COPY FROM THE WILHELM REICH MUSEUM

*Early Writings 1*
NEW YORK: FARRAR, STRAUS & GIROUX, 1975

*Ether, God & Devil & Cosmic Superimposition*
NEW YORK: FARRAR, STRAUS & GIROUX, 1972
ORIGINALLY PUBLISHED IN 1949

*Genitality in the Theory and Therapy of Neurosis*
©1980 BY MARY BOYD HIGGINS AS DIRECTOR OF THE WILHELM REICH INFANT
TRUST

*People in Trouble*
©1974 BY MARY BOYD HIGGINS AS DIRECTOR OF THE WILHELM REICH INFANT
TRUST

*Record of a Friendship*
THE CORRESPONDENCE OF WILHELM REICH AND A. S. NEILL
NEW YORK, FARRAR, STRAUS & GIROUX, 1981

*Selected Writings*
AN INTRODUCTION TO ORGONOMY
NEW YORK: FARRAR, STRAUS & GIROUX, 1973

*The Bioelectrical Investigation of Sexuality and Anxiety*
NEW YORK: FARRAR, STRAUS & GIROUX, 1983
ORIGINALLY PUBLISHED IN 1935

*The Bion Experiments*
REPRINTED IN *SELECTED WRITINGS*
NEW YORK: FARRAR, STRAUS & GIROUX, 1973

*The Function of the Orgasm (The Orgone, Vol. 1)*
ORGONE INSTITUTE PRESS, NEW YORK, 1942

*The Cancer Biopathy (The Orgone, Vol. 2)*
NEW YORK: FARRAR, STRAUS & GIROUX, 1973

*The Invasion of Compulsory Sex Morality*
NEW YORK: FARRAR, STRAUS & GIROUX, 1971
ORIGINALLY PUBLISHED IN 1932

*The Leukemia Problem: Approach*
©1951, ORGONE INSTITUTE PRESS
COPYRIGHT RENEWED 1979
XEROX COPY FROM THE WILHELM REICH MUSEUM

*The Mass Psychology of Fascism*
NEW YORK: FARRAR, STRAUS & GIROUX, 1970
ORIGINALLY PUBLISHED IN 1933

*The Orgone Energy Accumulator*
ITS SCIENTIFIC AND MEDICAL USE
©1951, 1979, ORGONE INSTITUTE PRESS
XEROX COPY FROM THE WILHELM REICH MUSEUM

*The Schizophrenic Split*
©1945, 1949, 1972 BY MARY BOYD HIGGINS AS DIRECTOR OF THE
WILHELM REICH INFANT TRUST
XEROX COPY FROM THE WILHELM REICH MUSEUM

*The Sexual Revolution*
©1945, 1962 BY MARY BOYD HIGGINS AS DIRECTOR OF THE WILHELM REICH
INFANT TRUST

## REID, DANIEL P.

*The Tao of Health, Sex & Longevity*
A MODERN PRACTICAL GUIDE TO THE ANCIENT WAY
NEW YORK: SIMON & SCHUSTER, 1989

*Guarding the Three Treasures*
THE CHINESE WAY OF HEALTH
NEW YORK: SIMON & SCHUSTER, 1993

## ROSEN, SYDNEY (ED.)

*My Voice Will Go With You*
THE TEACHING TALES OF MILTON H. ERICKSON
NEW YORK: NORTON & CO., 1991

## STEIN, ROBERT M.

*Redeeming the Inner Child in Marriage and Therapy*
IN: RECLAIMING THE INNER CHILD
ED. BY JEREMIAH ABRAMS
NEW YORK: TARCHER/PUTNAM, 1990, 261 FF.

## STEINER, RUDOLF

*Theosophy*
AN INTRODUCTION TO THE SPIRITUAL PROCESSES IN HUMAN LIFE
AND IN THE COSMOS
NEW YORK: ANTHROPOSOPHIC PRESS, 1994

## STONE, HAL & STONE, SIDRA

*Embracing Our Selves*
THE VOICE DIALOGUE MANUAL
SAN RAFAEL, CA: NEW WORLD LIBRARY, 1989

## SZASZ, THOMAS

*The Myth of Mental Illness*
NEW YORK: HARPER & ROW, 1984

## TART, CHARLES T.

*Altered States of Consciousness*
A BOOK OF READINGS
HOBOKEN, N.J.: WILEY & SONS, 1969

## WHAT THE BLEEP DO WE KNOW!?

*See Arntz, William*

# WHITFIELD, CHARLES L.

*Healing the Child Within*
DEERFIELD BEACH, FL: HEALTH COMMUNICATIONS, 1987

# NOTE PERSONALE

* 9 7 9 8 6 5 4 1 3 5 0 1 8 *